国に頼るからバカを見る

反骨の市町村

地方自治ジャーナリスト
相川俊英

講談社

まえがき——アベノミクスでは地方創生はできない

日本の政治は戦後一貫して、「国土の均衡ある発展」を金看板に掲げてきた。地域住民の生活向上を目指し、全国津々浦々でインフラ整備を進めてきたのである。巨額の税金が投じられることになったが、そのおかげで生活基盤の地域差は少なくなり、日本のどこに住んでいても一定の利便性を享受できるようになった。国主導で進められた公共事業の成果と言える。

しかし、ハード面での「国土の均衡ある発展」が進展すると同時に、東京など大都市部に富と人が集まるようになっていった。一方で地方からの人口流出が加速し、過疎地域が生まれ広がっていった。地方の衰退である。

国は税金を投入することで地方の疲弊を抑えようとした。ハード事業を中心とする手厚い支援である。地方の側も国の支援を望み、頼みとした。それはたんに財政面だけではなく、政策面においてもだ。地域の実情を横に置いたまま、国が画一的に提示する政策をそのまま採用し続けていった。自分たちで創意工夫する努力を怠るようになっていったのである。

そうしたことの積み重ねがいろいろな歪みとなって現れてきた。

1つ目は、住民や自治体の依存症である。住民は自治体（行政）に、自治体は国に依存するようになっていった。自分たちで地域の課題を解決する策を考えず、しかも、自分たちで行動しなくなっていったのである。お任せ主義が蔓延し、政治・行政に注文や文句を言うばかりの住民が増えていった。それは、都市部も同様だった。

2つ目は、「国土の弱体化」である。国は戦後、スギ、ヒノキの植林を国策として推進した。地方はこれに飛びつき、地元の天然林を人工林に一変させた。しかし、木材需要の激変により、人工林は放置林となっていった。こうして山は荒れ、土砂災害などを多発させる要因の一つとなったが、国はコンクリートで抑え込む対策を取り続けている。いわゆる「国土強靱化策」だが、その実態は山のみならず、川や海などにも影響を及ぼして「国土の弱体化」をもたらすものとなっている。

3つ目が、地方のさらなる衰退である。過疎対策を重ねてきた国は、市町村合併を推進するようになった。「平成の大合併」である。地方分権の受け皿づくりを標榜し、アメとムチを駆使して合併を推奨した。地方はここでも国策に従い、「バスに乗り遅れるな」とばかりに合併に走った。市町村の数はほぼ半減したが、過疎地の衰退にむしろ拍車がかかることになった。

市町村合併の終了後、新たに取り沙汰されるようになったのが、消滅可能性都市である。2040年時点で896の自治体が消滅する可能性が高いと名指しされたのである。

こうした歪みが顕著となっている中で、安倍晋三総理が「地方創生」を打ち出した。衰退する地方を再生するために「これまでとは次元の異なる大胆な政策を取りまとめ、実行してまいります」と大見得を切ったが、これまでの延長線上のものでしかない。国が主導し、地方がそれに依存するものであるからだ。同じ結果になるに違いない。

そもそも衰退した地方を国（中央官庁）や政治（国政）の力で活性化することはできない。活性化の特効薬は地域の中にのみ隠されている。それは四半世紀にわたって全国各地を取材して回った私の実感だ。

活力ある地域と衰退している地域の違いを一言でいえば、自力で奮闘しているかどうかだ。衰退した地域は住民も行政も何か大きな存在に頼り、依存し、もたれかかっているところばかりだった。元気な地域は、国策に安易に飛びつかず、わが道を歩んでいるところである。

国や政治に過度に依存する地域が、もっとも脆弱《ぜいじゃく》な存在だ。国や政治に過剰な期待をかけず、まずは自力で踏み出すことが地域活性化の第一歩であると実感している。本書を一読してもらえれば、「なるほど、そうか！」と共感していただけるものと思っている。

目次◉国に頼るからバカを見る　反骨の市町村

第3章　後悔先に立たず「タリキノミクス」の落とし穴

第4章　実録「ジリキノミクス」で実現した豊かな暮らし

第5章　「ローカル・アベノミクス」に騙されるな

第6章　地方創生の特効薬とは何か

国に頼るからバカを見る

反骨の市町村

第1章　お任せ民主主義「タリキノミクス」が日本をダメにした

行政、住民、政治の「じゃんけん」

政治や行政への不満や不信が日本中を覆い尽くすようになって、すでに久しい。

自分たちの思いを汲み取らずに動く政治や行政に怒り、嘆き、それどころか関心を失っていく人たちが後を絶たない。自分とは関係のないものだと政治や行政にそっぽを向いてしまうのだ。

だが、この世に政治や行政と無関係に生きられる人など存在しない。人間は誰もが社会的な存在であるからだ。政治や行政の影響から逃れることはできない。それは、関心のあるなしとは別次元の話である。

そもそも我々住民にとって政治や行政とはいかなるもので、「行政、住民、政治」はどのような関係性にあるのだろうか。

この三者を「じゃんけん」関係に置き換えて説明する人がいる。誰もが知っているグー(石)、チョキ（ハサミ)、パー（紙）のじゃんけんである。

パーは政治家で、このパーに勝るチョキが住民だ。選挙によってパーの政治家をただの人に変えることができるからだ。チョキには勝てない政治家もグーの役人にはめっぽう強い。だが、政治家にからっきし弱い役人も住民には強気だ。上から目線で住民を見下し、慇懃無礼に接する役人がなんと多いことか。

こうした実態から住民と政治家、役人の抑制均衡関係をわかりやすく「じゃんけん」に例えているわけだ。それは、この三者を三つ巴の関係と捉えているからだ。

その三つ巴の関係が、現在、非常に歪んでしまっている。

最大の原因はチョキ（住民）にある。ハサミが小さくなり、しかも、開きが悪く、切れ味が著しく低下してしまっている。チョキの機能が落ちるにつれ、パー（政治家）は弛緩してしまい、どんどん劣化していった。チョキに切られるという不安や恐れが薄れ、切磋琢磨する必要がなくなってしまったからだ。

その結果、パー（政治家）はどんどん小粒化・劣悪化していき、実質的にグー（役人）の一人勝ちになっていった。これが政治（政治家）と行政（役人）、住民の三者による「じゃんけん」関係の歪んだ現状である。

だが、政治と行政、住民の関係を「じゃんけん」関係と捉えるのは、そもそも大きな間違いだ。本質的にはそういう関係ではなく、また、そうであってもならない。

三者の関係を理解する上で最大のキーポイントとなるのが、「税金」だ。

税金とは何か。

「我々や我々の子や孫が生活をしていく中で、さまざまな社会的な課題をかかえることになる。そうした社会的な課題を解決するために、皆であらかじめ出し合う金」が、税金である。

その税金の集め方と使い方、さらには生活していく上でのさまざまなルールをつくるのが、政治だ。つまり、政治が、税金を使って解決すべき社会的課題か否かの判断を下すのである。もちろんそれが税金を使うべき社会的な課題かどうかの判断基準は一定ではなく、時代や社会状況、地域によって変わる。

重要なのは、税金を支払っている人たちの合意や納得に基づく決定であるか否かである。政治が決定した税金の集め方、使い方に則って実務をとり行うのが、行政（役人）だ。つまり、本来は政治（政治家）が行政（役人）をコントロールしなければならない。

では、その政治の担い手は誰か。日本社会は主権在民となっている。つまり、我々一人ひとりの有権者が政治の担い手であり、税金の集め方と使い方、そして社会のルールづくりの主役なのだ。

ところが、残念ながら現実はそうなってはいない。先ほど説明したように、歪んだ形での「じゃんけん」関係が形成され、グー（役人）の一人勝ちとなっているのが実態である。

自治体は「分譲マンション」

本来の住民と政治（政治家）、行政（役人）の三者の姿を例えるならば、「じゃんけん」関係ではなく「分譲マンション型」関係と言うべきだろう。

分譲マンションの場合、区分所有権を持つ住民らが管理組合を組織する。そして、自分たちの中から役員を選び、管理組合のトップ（理事長）を選ぶ。

管理組合はマンションの維持管理や保守、修繕などについて議論し、方針を決める。実務は管理組合ではなく、委託された管理会社が行う。この管理会社が、行政つまり役所にあたる。管理などにかかる経費の原資は区分所有者が支払う管理費で、これが税金にあたる。

マンション管理組合の役員会にあたるのが議会で、理事長は国政ならば内閣総理大臣、地方自治体ならば首長ということになる。国政の場合、選挙で選ばれた管理組合の役員の中から総理大臣を選ぶが、地方自治体の場合は役員選挙とは別に、管理組合トップの選挙を行うことになっている。二元代表制である。

マンション管理組合の理事長の役割は、住民を代表して管理会社をマネージメントすることだ。管理や点検、修繕などの方針や予算などをとりまとめ、管理組合の役員会や総会に諮《はか》るのが建前となっている。

実際のマンションの場合、そこに居住していない（区分所有していない）人が理事長になることはあり得ないが、地方自治体の首長は住民以外の人でも選挙に当選すればなれる。

その点を除けば、マンションの管理組合と地方自治体の構造はきわめてよく似ている。

ところが、実情を見ると、区分所有者の多くがマンション全体の管理に関心を払わず、役員会が機能していないケースが多い。理事長や役員の成り手がなかなか現れず、居住環境の維持や改善は自分たちの日常の問題にもかかわらず、総会に出席しない住民さえ少なくない。なかには管理費を滞納する居住者まで現れる。

こうなると管理組合は機能を充分に発揮できなくなり、理事長も単なるお飾りになってしまう。いつの間にか、委託先の管理会社の社員が実質的な理事長になってしまうのである。つまり、行政（役人）がすべてを取り仕切ることになる。

先ほど紹介した歪んだ「じゃんけん」関係でグー（役人）が一人勝ちになるというのは、こういうことを指している。

では、管理会社への丸投げが進むとどうなるか。居住者の要望や都合よりも管理会社の都合や利益が優先されることになりがちだ。

たとえば、マンションの駐輪場を広くしたいといった居住者の生活実感に根ざした要望よりも、事業費が大きくて業者にとって「うまみ」のある外壁の塗り替え工事などが優先されたりする。毎月の管理費が高くなり、その割には、本来居住者が望んでいるような住環境の維持や改善が一向に進まぬ事態となるのである。

ではなぜ、管理会社への丸投げが行われてしまうのか。

マンション居住者には「管理することはめんどくさい」「暇はない」「余裕はない」「カネは払っているのだから、誰かに任せたい」という思いがある。

自治体における「お任せ民主主義」というのが、まさしくこれである。

タリキノミクスとジリキノミクス

ところで、社会的な課題に直面し、その解決策を講じることが迫られた場合、とりうる2つの方法がある。

1つは、優秀な誰かに解決策を考えてもらうやり方だ。時間がかからず、よいものが提示される確率も高い。効率的で、何と言っても楽ができる。誰か（他力）にお任せするこのやり方を「タリキノミクス」と名付けたい。

もう1つは、皆（自力）で話し合い、知恵を出し合って、答えを出していく方法だ。時間はかかるし、手間もエネルギーもかかる。しかも、メンバーの中に優秀な人がいるわけでもないので、すばらしい解決策を導き出せる可能性は低い。非効率で手間のかかるやり方だ。こちらを「ジリキノミクス」と呼ぼう。

どちらを選択するかとなると、優秀な誰かに任せる「タリキノミクス」がよいとなりがちだ。実際、日本社会はずっと「タリキノミクス」を選択し続けてきた。このため、選挙も「誰に任せるか」の選択となり、「何を託すか」という判断による投票行動ではなかった。

しかし、優秀な誰かに任せる手法には大きな落とし穴が隠されている。

たとえば、解決策の策定を任せた優秀な誰かが、いつの間にか、課題の抽出までしてしまう点だ。課題設定が恣意的になり、住民ニーズとの間にズレが生じてくるのである。保育所の整備よりも道路建設が優先されてしまうといった事例である。

さらに、優秀な誰かに課題解決を丸投げしてしまうと、その人が事業の評価まで1人でしてしまうことになりがちだ。この評価基準も恣意的で、お手盛り状態となる。チェック機能が働かなくなってしまうのである。

人間は弱いもので、誰からもチェックされないと悪い道に迷い込んでしまいやすい。お任せはチェック機能の低下を呼び込むもので、腐敗と堕落にまみれてしまう危険性を持つ。

だが、最大の弊害はこうした点ではない。

確かにアレコレ思い悩まずにすむのは気楽でよいが、自分が持つ能力を活用せずにいること「誰かに任せる」ということは、「自らは考えない」ということと同義である。

確かにアレコレ思い悩まずにすむのは気楽でよいが、自分が持つ能力を活用せずにいることに他ならない。ものを考えなくなってしまうと、結果的に自らの能力や可能性を削り取ってしまうことにつながる。

優秀な誰かに任せっきりになると、任せた側が思考停止に陥ってしまう点にこそ問題があるのだ。

そして、最後にこんなことも起こりうる。すべてを任せていた人物がいなくなる場合である。ある日、突然、すべてが破綻する危険性を背負い込んでしまうことになる。

よく「長期政権は腐敗するから望ましくない」と言われるが、長期政権の最大の問題点は権力者が腐敗することではなく、任せた側が思考停止となり、当事者としての意識と能力を失うことにある。

日本社会はそれをずっと続けてきたのである。

グーの上にカスミとベイ

ところで、我々が優秀だと思って任せてきた人たちははたして本当に優秀なのだろうか。歪んだ「じゃんけん」関係におけるグーの人たち、つまりは行政（役人）のことである。

実のところ、彼らが自分たちで地域課題を抽出し、自分たちで解決策を講じ、自分たちの力でこれを実施しているかどうかはきわめて疑わしい。グー（役人）のほうも、より優秀な誰かに任せていたのではないかとの疑念が拭い切れないのである。

では、より優秀な誰かとは何か。ズバリ言ってしまえば、霞が関の住人たち。つまり、国の中央官庁の官僚である。

国の中央官庁は例えて言えば、各地にあるマンション管理会社の本社。その本社がすべてを取り仕切り、課題の抽出や解決策、そして、そのための資金などをワンセットにして各地の支社・支店に一斉配信しているのが、日本の政治と行政の実態ではないだろうか。いわゆる中央集権体制だ。

グー（役人）の一人勝ちと表現したが、実は、グー（役人）、チョキ（住民）、パー（政治家）三者の上位にもう一つ、カスミ（霞が関）というオールマイティの存在が見え隠れするのである。

この中央集権とお任せ民主主義は一体のものと見るべきだ。住民が管理会社（役所）に丸投げしたように、各地の管理会社も実際は本社であるカスミ（霞が関）に丸投げしていたのである。

では、本社の霞が関の官僚は本当に優秀なのだろうか。彼らは日本全体のことを自ら考え、課題を自ら抽出し、なおかつ、その課題を解決するための解決策を自ら編み出しているのだろうか。

ここでもある疑念が浮かぶ。カスミの上位により強大なものが存在し、カスミはそのコントロールに基づいて各地の管理会社に解決策などを配信しているのではないか。

では、その強大な存在とは何か。アメリカである。

アメリカとの貿易摩擦が激化した1990年前後、日米構造協議が継続して行われた。この場でアメリカは内需拡大を求め、日本政府に巨額の公共投資を迫った。10年間に430兆円という数値まで示され、さまざまな公共事業が実施されるようになった。

その一つが地方空港の整備だ。運輸省（当時）は「1県1空港」構想を打ち出し、必要性の吟味を脇に置いて全国各地に空港を造ったのである。その結果、どうなったかは説明するまでもないだろう。閑古鳥の鳴く地方空港がたくさん生まれてしまったのである。

大型店舗への規制緩和もアメリカの要求だった。郊外に次々と大型量販店が生まれ、町なかの商店街の多くが、いわゆるシャッター街となった。

こうしたアメリカからの「外圧」はその後、「年次改革要望書」というものに変わっていった。

グー（役人）、チョキ（住民）、パー（政治家）の中ではグーの一人勝ちだが、そのグーの上にカスミ（霞が関）というのがあり、さらにその上にベイ（米国）が君臨している。より優秀でより強大な誰かに任せ、依存し、黙って従う。

これが「タリキノミクス」の本質であり、日本の政治と行政の実態と言える。

こうしたやり方を日本は続けてきたが、もはやそれでは我々や我々の子や孫たちは幸福になれないと考えるべきだ。

そもそもカスミは全国にばらまくカネを持っていたわけではなく、実際は借金で捻出したカネを配ってきたからだ。それも子や孫たちへのツケ回しである。

さらに、カスミやベイ主導による課題抽出や解決策は、現場の実情と大きなズレがあり、必ずしも住民の生活をより暮らしやすいものにすることにつながらないからだ。

いまや生活する上で直面する社会的な課題は多様化し、複雑化し、地域化、個別化している。もはや全国一律の解決策では対応できない。画一的なやり方では課題解決につながらないのだ。

となれば、自分たちで課題を抽出し、自分たちで解決策を捻り出し、自分たちで実行していく他ないのである。

客（住民）を客とも思わぬ体質

「タリキノミクス」と「ジリキノミクス」の違いをこんな例えで説明したい。

外で食事しようと思い、街に出てみると店が2軒あった。

1つは、豪華な内装の洒落た店である（あくまでも例え話で、実在する店の話ではない）。超有名レストランで、食材も料理人も最高級揃いである。しかし、選べるメニューは少なく、しかも店側からの注文がやたらに多い。客は自分の好みや希望を聞いてもらえないどころか、団体客中心で、少人数だと入店さえ拒否されてしまう。調理に凝るのか仕上がりが遅く、イライラさせられるのも日常茶飯事だ。

それでも店側はまったく意に介さない。店長と店員ともに転勤が多く、すぐに別の店に移ってしまう。

料理は客の苛立ちがピークに達した頃、運ばれてくる。それも食べきれないほどの量だ。当然のことながら、値段は目の玉が飛び出るほど高くなるが、店側から補助金が出るため、食事した客の支払いは少なくてすむ。それで、繁盛している。

だが、補助金を実際に負担するのは、店側ではなく客たちだ。食事をした客やその家族が事前に支払っていたカネや、彼らが後日、支払わされるカネを充てるに過ぎない。さらには食事をしていない人にも請求書は回され、取り立てられることになる。

もう1つの店は、こぢんまりとした家庭的な食堂だ（これもあくまでも例え話）。メニューの数は多く、味付けや量の要望も聞いてもらえる。目の前で調理するので、素材や料理人に注文をつけやすい。素材も地元産が中心で、厨房も地元の人が担当する。途中で注文品を変更することもできなくはない。大勢の客を対象とする店ではないので、融通がきくのである。

食べたいものを食べたい量だけ食べたい時に食べられるのが、客にとってはうれしい。客側から新たなメニューの提案もできる。

しかし、店舗の外観や規模では全国展開の有名レストランに見劣りする。有名シェフなども店にはいない。しかも、値段は安いものの、すべて食べた客たちの負担となる。

そうであるからこそ、客は注文をつけやすい。

もし、そうした店がマズイものばかり出していたら、店の経営者は真っ先に責任を問われる。常に客の視線にさらされているから、ごまかしようがないのである。

超有名レストランが「タリキノミクス」型で、これまでの国主導の公共事業の姿である。一方、家庭的な食堂が「ジリキノミクス」型で、地方分権型の公共事業と言える。

では、「タリキノミクス」型公共事業の実態を紹介しよう。


「水は足りている」のにつくるダム～【公共事業の迷走】宮崎県川南町

ここで取り上げるのは、国（農林水産省）と宮崎県が進めている「尾鈴《おすず》農業水利事業」だ。

宮崎県中部の川南《かわみなみ》町などの畑地約1580ヘクタール（受益農家数1574人（当初））に農業用水を引くために、国が農業用ダム（切原ダム）や幹線水路、宮崎県が支線水路などを整備する土地改良事業である。総事業費は約390億円（国営分が約290億円、県営分が約100億円）に上る。

土地改良事業は圃場《ほじょう》（田畑）や農業用排水路などの整備（灌漑）を行うもので、農家の中請に基づく事業である。事業対象になるには一定規模の面積が必要で、畑は1000ヘクタール以上とされている。

土地改良事業の対象区域（受益地）になると、農家（受益者）に自己負担が生じるため、対象区域農家の3分の2以上の同意が必要となる。しかも、国と県の一体的事業でありながら、それぞれで農家の同意がいる。

改修の要望がいつのまにか新設に

宮崎県川南町は全国でも有数の農業産出額を誇る農業の町である。台地にありながら、温暖多雨の地域で、湧水やため池、用水路などの整備も進んでいる。

そんな川南町で農業水利事業が計画されたのは、バブル経済真っ只中の1980年代だ。地元農家からの要望がきっかけとなった。既存のダム（青鹿ダム）の水を利用する農家が施設の老朽化に困り、改修を行政に求めたのである。

ところが、この話が農家の知らないうちに大きくなっていった。既存施設の改修のみならず、新たな農業用ダムをつくってパイプラインで地域全域に水を引くという壮大な話になった。主導したのは、国だった。

こうして、尾鈴農業水利事業がスタートした。

受益面積は1922ヘクタール（当初）とされ、農家への同意取得が開始された。先陣を切った（切らされた）のは川南町だった。まずは国営事業分である。

困惑したのは知らぬ間に事業の対象地とされた農家である。「水は足りている」農家が多く、そのほとんどが高齢化や後継者不足で農業の未来に不安を抱えていた。新たにダムからの水を使うことになれば、負担金を払い続けなければならない。畑作技術の進歩もあり、わざわざ新たな水を確保するまでもない。

そう考える農家が事業への同意を渋った。

それでも行政側は農家を説得して回り、農家の申請ではじまるはずの土地改良事業は主客転倒していった。

川南町などは農家に確約書を示し、国営事業への同意を懇願して回った。1993年に尾鈴地区土地改良事業川南町推進協議会の会長名で出された「今回の国営事業の同意が、県営事業の同意を強制するものではありません」というものだ。協議会の会長は当時の川南町長だった。

こうして1996年に同意が85％にまで達し、国営で新設する切原ダムの建設開始にやっとこぎ着けた。

続いて県営事業の同意取得がはじまった。支線の敷設や給水栓の設置などを行う県営事業は、10区域（8つが川南町内）に分けられた。

まずは、既存の青鹿ダムの水を利用している尾鈴北第1地区。老朽化した施設の改修を求めていた地区で、行政側は県営事業への同意取得は順調に進むと考えた。

ところが、ここでも「水は足りている」と同意を渋る農家が続出し、またしても暗礁に乗り上げてしまった。川南町などは困り果て、「選択方式」という「妙案」を農家に提示することにした。

これは、給水栓を実際に畑に設置するか否かは農家の判断に任せ、設置しない場合は経常経費や水代といった負担金を取らないというものだ。その代わりに「県営事業への同意だけはしてくれ」と、農家に懇願して回ったのである。

行政側の必死の説得の結果、尾鈴北第1地区の県営事業への同意は、2001年末までに82％を上回った。土地改良区も正式に発足し、末端のパイプラインの敷設工事も開始された。このまま順調に行くことを行政側は期待したが、事態はそうならなかった。

「新たな水はいらない」農家ばかり

2005年度から給水栓の設置工事がはじまったが、設置する農家が一向に増えず、町を悩ませることになった。

困り果てた川南町は、またしても奇想天外な策をひねり出した。「開閉栓方式」である。これは給水栓の設置を町の負担（税金）で行い、開栓しない限り、農家から設置費用や経常経費などを徴収しないというものだ。開栓して水を使うようになったら、設置費用（補助金分を除いた4100円）と経常経費や水代を徴収するという仕組みである。

川南町は農家に対し「栓を開けなければ、（農家の）負担は生じないので、給水栓を設置させてくれ」と、戸別訪問して説いた。渋る農家に対し、「将来、畑を貸したり、売ったりするときに給水栓が設置されていれば、有利になる」などと、説得して回ったのである。

その後、川南町は口蹄疫という災厄に見舞われるが、農業水利事業の工事は粛々と進められた。そして、灌漑用の切原ダムが完成し、2012年12月から供用開始となった。国営事業全体も完了し、国は現地事業所を2014年3月に閉鎖し、川南町から立ち去った。

県営事業の工事着工も3地区に広がったが、肝心要《かなめ》の水利用は足踏み状態が続いている。

2014年5月末時点で1206個の給水栓が設置されたが、このうち開栓されたのは52個にとどまる。つまり、約6割の給水栓は閉じられたままで、水利用されていない。

このため、川南町が税金で肩代わりする設置工事費や経常経費分は膨らみつつある。2013年度は約370万円と見込まれ、翌2014年度は二千数百万円に急増。今後も毎年数%の増加が予測されるという。

繰り返すが、農家の申請に基づいてはじまるのが、土地改良事業の大原則である。そして、受益者（対象農家）が応分の負担をすることも大原則となっている。川南町が長年続けている「迷走」の最大要因は、主客転倒してはじめられた事業そのものにある。

こうした「タリキノミクス」型公共事業の矛盾と弊害は、第5章でも詳述したいと思う。

「ジリキノミクス」5つのメリット

このまま「タリキノミクス」の道を突き進めば、行きつく先は多くの人が幸福になれない社会である。

そうした社会に自分たちだけが進んでいくというのなら、それもありかもしれない。

しかし、実際は自分たちだけというのはあり得ず、自分たちの次の世代、さらにはその次の世代をも道連れにすることになる。自分たちのことだけを考えてこのまま「タリキノミクス」で「お任せ」し続けるというのは、もはや許されない。

居心地のよい「タリキノミクス」から「ジリキノミクス」への転換が迫られている。「面倒だ」とか「できるはずがない」と嫌がる人も多いと思うが、選択の余地はないと覚悟すべきだ。

自分たちで地域の課題を抽出し、自分たちで解決策を講じ、それを自分たちで実行する「ジリキノミクス」は、時間やエネルギーを要する。これといった解決策が見つからず、暗礁に乗り上げることも多いだろう。

しかし、そこには「タリキノミクス」にはないメリットがいくつもある。

第1に、皆で課題を出し合うので、課題設定にズレが生じないことだ。住民ニーズにぴたりと合致する。

第2に、結果の評価基準と採点に不透明さがなくなる。よかったら「よかった」、悪かったら「悪かった」と実感できるため、恣意的な評価の入る余地がなくなる。

第3に、皆で解決策をまとめ上げるので、結果に対する責任を皆で共有することになる。「そんなことは聞いていないよ」などと後になって文句を言う人がいなくなる。なぜなら、その場にいながら「知らなかった」と難癖をつける人は誰にも相手にされなくなるからだ。

第4のメリットがいちばん大きい。皆で課題抽出とその解決策を考え、議論し合うので、「自治能力」が自然に上がっていくことだ。能力を最大限に活用するような厳しい局面を何度も経験すれば、人間の能力は上がっていくものだ。必死になって知恵を出し合い、真剣な議論を繰り返すことで、全体の力の底上げにつながっていくのである。

第5のメリットは、突然の破綻を防止できることだ。誰か1人がいなくなっても、次から次へ新しい人が代わりに出てくる。特定の人にすべてを任せているわけではないので、うまく回っていくのである。

結局、こうした姿こそが本来の「自治」のはずなのだ。

地域の活性化は、その地域に住む住民一人ひとりの自治意識の総量によるのではないだろうか。「タリキスト」ばかりの地域に明日への展望はない。いかにして「ジリキスト」の力を結集するかが地域創生のポイントと考える。

第2章　納税者が知るべき「自律度」ランキング

独自に全市町村をランキング

第1章で地域活性化は住民一人ひとりの自治意識にかかっていると書いた。

住民の自治意識の総量が地域の勢いを左右する、という私の持論だが、「何を言ってるんだ」と首をひねった方も多いのではないか。あまりにも漠然とした話でピンとこないという感想もあろう。

それどころか、そもそも自分が住んでいる自治体の状況がどうなのか皆目わからないという人や、自分以外の住民の意識など知りようもないという人も少なくないはずだ。

第1章にならって例えるならば、マンションの管理費をきちんと払っていながら管理組合の財務状況がどうなのか知らず、しかも、同じマンションにどんな人たちが生活しているかもわからないというケースである。

それも致し方ない面もある。

自治体の現状、なかでも財政運営の状況や地域住民の自治意識といったものは、とても見えにくい。

前者についてはさまざまな財政指標が自治体ごとに公表されているが、自治体の財政構造は複雑、かつ難解なものとなっており、とにかくわかりにくい。後者に至っては数値化できるものでもない。

だが、自分が住む地域の現状をおおまかであっても把握しておく必要がある。

何をどう見たらよいかわからないという方のために、全市町村の財政運営の状況と住民の自治意識を探る独自の試みを行ってみた。

まず、この章では4つの指標ごとに全市町村をランキングし、それぞれベストとワーストを並べてみた。総務省が公表する統計資料を基に独自算出したり、独自調査したりしてつくりあげたものだ。

全市町村のすべてのランキングを掲載すべきところだが、その数は1700以上に及ぶ。ページ数の関係もあるためご容赦願いたい。

では、4つの指標を説明しよう。

「財政自律度」ランキング

1つは、自治体の「財政自律度」という指標である。

これは全市町村の財政運営の手堅さを探ったもので、全市町村の2012年度決算（普通会計）の数値を活用した（基にしたデータは総務省が公表した「平成24年度市町村別決算状況調」）。

たくさんある財政指標のなかから、以下の3つをピックアップした。

1つ目は「経常収支比率」。これは、人件費や扶助費といった義務的経費に地方税や交付税といった一般財源がどの程度費やされているかを示す指標だ。数値が高いほど財政構造が硬直化していることになる。

2つ目が「実質公債費比率」。標準財政規模に対する借金返済額の比率で、こちらも数値が高いほど逼迫《ひっぱく》していることになる。

3つ目が「将来負担比率」で、自治体が将来負担すべき実質的な負債の比率を出したものだ。こちらも財政状況が悪い市町村ほど高数値となる。

これら3つの財政指標値ごとに各市町村の偏差値を弾き出し、それらの合計値を総合成績としてランキングしたのが**表1**（p.48～51）である。

合計値の少ないところほど、手堅い財政運営をしている自律度の高い自治体で、こちらがベストランキング。片や合計値が高いところほど自律度が低く困窮しているワーストランキングだ。

ここで留意していただきたい点がいくつかある。

独自の試みの数値であり、絶対視せずにひとつの目安と考えていただきたい。わが町がベスト上位にランクインしていたからといって大喜びしないでいただきたい。その逆もである。

そもそも自治体財政に関わるすべてのデータが開示されてはいないこと。たくさんある財政指標のうち3つを便宜的に試算の対象としたこと。自治体の財政状況は日々刻々変化しており、ランキングは2012年度決算時のものであることなどがその理由だ。

なお東京23区はランキング対象から除外した。固定資産税と法人区民税などを都が代わって徴収し、一部を23区に配分する特異な都区制度になっているからだ。


では、自律度のワーストランキングから見ていこう。

トップはやはり財政再生中の北海道夕張市である。2位は関西国際空港関連の大規模開発で負債を抱えた大阪府泉佐野市で、以下、青森県鰺ヶ沢《あじがさわ》町や千葉市、青森県大鰐《おおわに》町や兵庫県篠山《ささやま》市と続く。

一方、自律度のベストワンは原発立地自治体の北海道泊村。同様に4位に新潟県刈羽村が入っているが、いずれも小規模自治体に巨額の原発マネーが流入していることによるもので自律とは言い難い。

この他に長野県軽井沢町（5位）や山梨県山中湖村（8位）といった有名別荘地が上位に顔

を揃えているが、謎めいているのがベスト2位の長野県下條村ではないだろうか。本書を読み進めていくとその理由がはっきりわかることになっている。

「住民1人当たりの借金残高」ランキング

各市町村の財政状況を探るもう一つの指標が、「住民1人当たりの借金残高」（**表2** p.52〜53）である。こちらも各市町村の２０１２年度末時点の地方債残高を同時期の住民人口でそのまま割り、算出したものだ（東京23区は除外）。

何の手も加えていないストレートな数値なので、わかりやすいと思う。地方債の中には後年度に国が元利償還金の一部を交付税で手当てしてくれるものもあるが、借金を返すのは基本的に住民である。

「知らない」とか「聞いてない」と言って逃れようとしてもダメだ。

さて、あなたはどれくらいの借金を背負っているだろうか。

住民1人当たりの借金残高のベストランキングには、やはり、原発立地自治体や企業集積自治体がズラリと並んでいる。その額の少なさに驚いた人も多いのではないか。

トップの佐賀県玄海町はわずか約９０００円だ。これに対し、ワースト上位は人口１０００

人未満の離島や山間地の町村で占められている。

ワーストワンの鹿児島県十島《としま》村はなんと約８１７万円にのぼる。人口が少ないことから数値が跳ね上がってしまうのだ。ただ、こうした離島過疎地の自治体の借金には交付税措置付きのものが多いため、実際の住民１人当たり借金額はグッと小さくなる。

ワーストランキングは小さな町村ばかりなのだが、４位の夕張市や、掲載しきれなかった順位の中に長崎県対馬市（１０７位）、徳島県三好市（１１６位）、石川県輪島市（１５３位）といった市もいくつか顔をのぞかせている。

その中で異彩を放っているのが、大阪市（２３１位）である。大阪市の住民１人当たり借金残高は約１００万円で、市のみのランキングではワースト13位となる。食い倒れではなく、借金倒れが心配される。

「税の納付率」ランキング

３つ目の指標は住民の自治意識にスポットを当てたものだ。地方税の納付状況を市町村ごとに調べた**表３**（p.54〜55）の「税の納付率」ランキングである。

地方税の納付状況を見ることで、住民の自治意識の一端が垣間見えるのではと考えたのである。義務をきちんと果たさない住民（法人も含む）の存在は、自治の根幹に関わるからだ。

もっとも、さまざまな事情によって払いたくとも払えなくなるケースもある。また、徴収する側の職務怠慢によって納付率が低迷するというケースもあり、納付率の数値だけで地域住民の自治意識を判断するのは、早計である。

しかし、自分が住む自治体の税の納付状況を知ることに意味はある。

税の納付率ランキングは、総務省がまとめた「平成24年度市町村税徴収実績調」を基にして作成した。

地方税とは、市町村民税（個人と法人）と固定資産税、都市計画税、それに軽自動車税である。

徴収率とは、自治体の課税総額に対する実際の収入総額の割合を指す。住民サイドからすると、納付率である。

当該年度分のみの現年分徴収率と滞納繰越分徴収率、その2つを合算した合計徴収率の値からなる。ランキングは合計値の納付率（徴収率）で作成した。

初めて目にしたという方も多いのではないだろうか。ちなみに全国市町村の合計値の平均は94・2％、現年分のみの平均値は98・6％だ。

ベストランキングの上位は小規模自治体で占められている。トップに立った7村は納付率1

００％を記録している。このうち、５村は現年分も滞納繰越分もすべて完納で、税の滞納が１円もない（他の2村は四捨五入して１００％になっている）。住民の誰もが義務をきちんと果たしているのである。

低納付率の自治体はいずれも大口の滞納案件を抱えたところだ。

ワーストワンの福井県勝山市は、観光施設会社の巨額滞納が響いている。現年分は98・５％で極端に悪いというわけでもないので、特殊要因と言える。

長野県小谷《おたり》村（2位）や白馬村（4位）、新潟県妙高市（3位）はスキー場や観光施設、栃木県那須塩原市（6位）はゴルフ場の大口滞納を抱えている。

現年分の納付率（徴収率）が低いのは、広島県東広島市（77位）の89・２％と沖縄県座間味村（28位）の89・９％などだ。

「自治体選挙における投票率」ランキング

４つ目の指標は自治体選挙における投票率だ。

住民が自らの権利をきちんと行使しているかどうかで、自治意識の濃淡が見えてくるのではと考えたのである。

もちろん、高投票率であるから自治意識が高いと決めつけるわけではない。これも目安の一つにすぎない。投票率はその時々の地域の課題や争点、さらには立候補者の顔ぶれによって上下するものであるからだ。

自治体選挙の投票率は全市区町村の首長選と議員選挙を対象とし、各自治体の直近の選挙（２０１４年12月末までに実施されたもので、東京23区も含む）における投票率を調査した。

こちらのデータ（**表４〜表７、グラフ１、２** p.56〜62）は総務省などがとりまとめていなかったので、独自調査した。「民主主義の学校」と言われてきた地方自治の現場が危機的状況にあることが、データから読み取れる。地方選挙が急激に空洞化しているのである。

まずは首長選挙の投票率を見てみよう。

１７４１の市区町村長選挙のうち、投票率が過半数に満たなかったのが、３０８にのぼっている。そればかりか候補者が２人以上現れず、無投票になった首長選が６５５もある。無投票率は37・６２％にも達している。

つまり、有権者が権利を行使せずに（ないしは行使できないまま）、民意を代表する首長が決定されることが常態化しているのである。

それは議員選挙においても同様である。１７６０の市区町村議選で投票率が過半数に満たなかったケースは、２２６を数える。また多人数を選ぶ議員選挙で定数を超える候補者が現れず、無投票となったものが２１８にも上っている。

選挙権を行使することは、言うまでもなく住民の権利である。その権利すら行使せず、誰かにすべてをお任せしてしまう風潮が広がっているようだ。

表1-① 「財政自律度」ワーストランキング

順位	都道府県	自治体	人口（人）	経常収支比率（%）	実質公債費比率（%）	将来負担比率（%）	財政自律度
1	北海道	夕張市	10,130	79.9	40.0	816.1	343.2
2	大阪府	泉佐野市	102,059	102.3	22.8	352.0	252.4
3	青森県	鯵ヶ沢町	11,450	96.9	21.3	252.4	223.9
4	千葉県	千葉市	958,161	97.5	19.5	261.1	222.2
5	青森県	大鰐町	10,987	87.2	21.5	313.4	222.0
6	兵庫県	篠山市	44,059	94.8	22.4	239.2	221.1
7	神奈川県	三浦市	47,613	108.4	15.8	200.5	217.9
8	北海道	美唄市	24,811	96.4	22.0	213.4	217.8
9	青森県	黒石市	36,075	97.4	23.5	184.4	217.4
10	兵庫県	上郡町	16,634	98.2	16.1	269.3	217.0
11	兵庫県	淡路市	47,229	89.6	21.5	263.6	216.4
12	北海道	白老町	18,908	99.2	20.8	197.7	216.1
13	奈良県	河合町	18,957	98.7	16.7	249.1	215.4
14	滋賀県	栗東市	66,396	92.5	19.2	246.0	212.0
15	青森県	むつ市	62,652	97.2	18.7	213.6	211.5
16	島根県	出雲市	174,702	91.9	21.0	224.2	211.4
17	三重県	名張市	81,760	99.0	17.7	209.7	211.0
18	大阪府	忠岡町	17,988	105.9	17.9	151.2	210.5
19	広島県	広島市	1,180,176	96.8	15.9	238.7	209.2
20	広島県	大竹市	28,448	95.5	15.9	246.2	208.7
21	京都府	京都市	1,420,373	100.3	13.8	235.4	208.6
22	高知県	須崎市	23,961	97.5	20.0	174.4	207.9
23	石川県	宝達志水町	14,462	97.7	20.3	163.2	206.8
24	奈良県	宇陀市	34,054	96.5	18.6	192.0	206.5
25	大阪府	泉大津市	76,825	98.3	18.5	173.5	205.4

26	奈良県	香芝市	77,615	89.7	21.3	191.6	203.2
	奈良県	平群町	19,786	95.3	14.4	235.6	203.2
28	大阪府	高石市	59,047	96.4	14.2	222.7	202.0
29	石川県	小松市	109,062	92.9	18.3	196.9	201.8
30	広島県	庄原市	39,325	94.9	19.7	163.3	201.7
31	大阪府	岬町	17,290	96.0	19.9	147.6	200.8
32	大阪府	交野市	78,051	91.6	15.5	232.7	200.1
33	神奈川県	横浜市	3,707,843	95.6	15.4	200.4	199.6
34	沖縄県	伊是名村	1,543	104.4	18.6	92.1	199.4
35	佐賀県	伊万里市	57,386	94.0	18.9	166.0	199.1
	京都府	宮津市	20,064	93.1	15.6	214.1	199.1
37	鳥取県	米子市	149,773	92.8	19.8	161.7	198.7
	高知県	高知市	338,087	92.6	18.4	180.7	198.7
39	奈良県	奈良市	364,836	97.6	13.5	196.5	197.4
40	山口県	平生町	12,940	91.4	17.7	189.6	197.1
	千葉県	銚子市	68,930	95.4	14.6	197.9	197.1
42	島根県	江津市	25,467	96.4	16.4	166.2	196.8
43	愛知県	名古屋市	2,247,645	99.8	12.1	188.4	195.8
44	北海道	網走市	38,219	94.1	17.3	164.9	195.5
	鹿児島県	枕崎市	23,495	97.9	15.7	156.0	195.5
46	島根県	松江市	206,231	90.2	18.4	179.0	195.2
47	奈良県	御所市	29,079	96.0	16.0	164.7	195.1
	兵庫県	宍粟市	41,795	91.7	18.2	169.6	195.1
49	奈良県	上牧町	23,696	89.9	16.1	207.2	194.6
50	茨城県	境町	26,104	91.0	16.2	194.5	194.1

＊総務省「平成24年度 市町村別決算状況調」を基に著者が独自の視点で集計・ランキングした
＊人口は、住民基本台帳に登載された2013年3月31日現在のもの

表1-②「財政自律度」ベストランキング

順位	都道府県	自治体	人口（人）	経常収支比率（%）	実質公債費比率（%）	将来負担比率（%）	財政自律度
1	北海道	泊村	1,839	39.2	3.9	—	61.3
2	長野県	下條村	4,052	65.3	− 4.5	—	77.9
3	鹿児島県	十島村	604	66.0	− 4.7	—	78.5
4	新潟県	刈羽村	4,829	61.9	− 1.1	—	80.9
5	長野県	軽井沢町	19,814	60.4	0.6	—	82.7
6	福島県	檜枝岐村	589	55.0	4.0	—	83.0
7	岐阜県	白川村	1,710	58.3	2.3	—	83.7
8	山梨県	山中湖村	5,906	47.7	10.8	—	88.3
9	高知県	津野町	6,418	66.2	− 0.4	—	88.4
10	長野県	根羽村	1,069	60.5	4.8	—	92.3
11	愛知県	飛島村	4,666	65.8	1.9	—	93.0
12	高知県	北川村	1,425	65.4	3.0	—	94.9
13	山梨県	早川町	1,221	62.5	4.9	—	95.2
14	北海道	和寒町	3,826	64.0	4.3	—	95.9
15	高知県	大川村	435	59.6	7.3	—	96.7
16	山梨県	鳴沢村	3,185	69.4	1.7	—	97.4
17	山梨県	丹波山村	632	64.2	5.7	—	99.3
18	山梨県	忍野村	9,166	64.8	5.4	—	99.5
19	長野県	南牧村	3,280	67.9	3.6	—	99.7
20	北海道	厚沢部町	4,411	66.6	5.1	—	101.3
21	長野県	大鹿村	1,141	60.3	9.0	—	101.4
22	宮崎県	木城町	5,356	62.4	7.8	—	101.6
23	北海道	雄武町	4,847	65.0	6.4	—	102.0
24	岐阜県	大野町	24,085	74.5	0.9	—	102.6
25	福島県	大熊町	10,942	78.6	− 1.5	—	102.8

26	長野県	川上村	4,178	68.9	4.6	—	103.3
27	北海道	美深町	4,828	62.2	8.8	—	103.6
28	和歌山県	北山村	477	68.1	5.5	—	104.2
29	北海道	島牧村	1,719	68.1	5.6	—	104.4
30	愛知県	刈谷市	146,787	77.7	0.0	—	104.9
31	北海道	新得町	6,581	68.5	5.8	—	105.4
32	福島県	只見町	4,821	71.7	3.9	—	105.5
	宮崎県	西米良村	1,245	69.4	5.3	—	105.5
34	沖縄県	嘉手納町	13,837	75.1	2.3	—	106.5
35	愛知県	大口町	22,811	78.9	0.4	—	107.5
36	長野県	王滝村	888	63.9	9.6	—	107.7
	宮城県	富谷町	50,197	81.4	−1.0	—	107.7
38	北海道	赤井川村	1,172	71.7	4.9	—	107.8
39	長野県	平谷村	493	60.3	11.9	—	107.9
40	東京都	御蔵島村	305	75.1	3.2	—	108.6
41	北海道	中札内村	4,110	69.3	6.9	—	109.0
42	群馬県	上野村	1,370	68.1	7.7	—	109.1
43	徳島県	松茂町	15,468	76.2	2.8	—	109.2
44	北海道	更別村	3,399	69.2	7.1	—	109.3
45	長野県	北相木村	829	73.3	4.9	—	109.9
46	岐阜県	本巣市	35,762	73.6	4.5	3.0	110.0
47	岐阜県	輪之内町	9,972	66.3	6.9	29.2	110.1
48	鹿児島県	三島村	326	74.7	4.2	—	110.3
49	北海道	幌加内町	1,661	70.6	6.8	—	110.5
	山口県	阿武町	3,749	75.4	3.9	—	110.5

表2-①「住民1人当たりの借金残高」ワーストランキング

順位	都道府県	自治体	地方債現在高（千円）	人口（人）	1人当たりの借金残高（円）
1	鹿児島県	十島村	4,933,200	604	8,167,550
2	鹿児島県	三島村	2,554,225	326	7,835,046
3	奈良県	野迫川村	2,509,979	491	5,111,974
4	北海道	夕張市	43,485,423	10,130	4,292,737
5	沖縄県	北大東村	2,010,813	546	3,682,808
6	高知県	大川村	1,489,833	435	3,424,903
7	北海道	西興部村	3,910,965	1,146	3,412,709
8	島根県	海士町	6,870,587	2,297	2,991,113
9	北海道	中川町	5,040,367	1,781	2,830,077
10	群馬県	上野村	3,634,800	1,370	2,653,139
11	新潟県	粟島浦村	864,410	333	2,595,826
12	奈良県	上北山村	1,610,372	629	2,560,210
13	北海道	利尻富士町	7,022,786	2,790	2,517,128
14	島根県	知夫村	1,441,135	588	2,450,910
15	北海道	幌加内町	3,979,684	1,661	2,395,957
16	北海道	占冠村	2,845,272	1,198	2,375,018
17	長野県	王滝村	2,062,309	888	2,322,420
18	北海道	南富良野町	6,352,598	2,779	2,285,929
19	北海道	中頓別町	4,378,726	1,928	2,271,123
20	福島県	檜枝岐村	1,327,907	589	2,254,511
21	高知県	馬路村	2,164,529	976	2,217,755
22	和歌山県	北山村	1,044,501	477	2,189,730
23	北海道	音威子府村	1,737,420	797	2,179,950
24	熊本県	五木村	2,718,033	1,264	2,150,343
25	北海道	幌延町	5,526,113	2,578	2,143,566

出典：総務省「平成24年度　市町村別決算状況調」
＊人口は、住民基本台帳に登載された2013年3月31日現在のもの

表2-② 「住民1人当たりの借金残高」ベストランキング

順位	都道府県	自治体	地方債現在高（千円）	人口（人）	1人当たりの借金残高（円）
1	佐賀県	玄海町	57,853	6,300	9,183
2	福島県	大熊町	102,675	10,942	9,384
3	新潟県	刈羽村	70,554	4,829	14,610
4	神奈川県	清川村	67,703	3,162	21,411
5	三重県	川越町	345,039	14,552	23,711
6	徳島県	松茂町	907,369	15,468	58,661
7	愛知県	飛島村	380,930	4,666	81,640
8	宮城県	富谷町	4,253,920	50,197	84,745
9	静岡県	長泉町	4,181,247	41,912	99,763
10	神奈川県	中井町	992,521	9,741	101,891
11	愛知県	大府市	9,280,089	87,836	105,652
12	愛知県	安城市	19,416,916	182,913	106,154
13	愛知県	小牧市	16,516,301	153,359	107,697
14	山梨県	忍野村	991,363	9,166	108,157
15	静岡県	御前崎市	3,793,077	34,702	109,304
16	千葉県	浦安市	18,214,823	162,155	112,330
17	愛知県	刈谷市	16,554,369	146,787	112,778
18	神奈川県	大井町	2,079,235	17,501	118,807
19	東京都	多摩市	18,964,466	145,950	129,938
20	愛知県	碧南市	9,481,884	72,207	131,315
21	愛知県	大口町	3,007,486	22,811	131,844
22	大阪府	高槻市	47,085,039	356,329	132,139
23	山梨県	鳴沢村	431,447	3,185	135,462
24	愛知県	豊山町	2,075,623	14,978	138,578
25	大阪府	吹田市	51,505,893	356,768	144,368

表3-①「税の納付率」ベストランキング

順位	都道府県	自治体	合計徴収率（%）	現年分徴収率（%）	滞納繰越分徴収率（%）
1	福島県	檜枝岐村	100.0	100.0	—
	長野県	下條村	100.0	100.0	—
	島根県	知夫村	100.0	100.0	—
	宮崎県	西米良村	100.0	100.0	—
	宮崎県	諸塚村	100.0	100.0	—
	群馬県	上野村	100.0	100.0	47.7
	長野県	大鹿村	100.0	100.0	97.5
8	長野県	根羽村	99.9	99.9	—
	長野県	南相木村	99.9	99.9	18.0
10	熊本県	五木村	99.8	99.9	25.2
11	北海道	泊村	99.6	100.0	15.7
	大阪府	田尻町	99.6	99.8	43.4
	長野県	泰阜村	99.6	99.7	32.2
14	東京都	利島村	99.5	99.9	1.4
	宮崎県	木城町	99.5	99.9	36.2
	愛知県	飛島村	99.5	99.8	27.6
	新潟県	刈羽村	99.5	99.8	35.9
	愛知県	豊根村	99.5	99.8	52.0
19	福島県	鮫川村	99.4	100.0	19.2
	埼玉県	東秩父村	99.4	99.8	48.1
	北海道	陸別町	99.4	99.7	45.0
22	北海道	下川町	99.3	99.9	5.6
	北海道	音威子府村	99.3	99.9	15.4
	北海道	剣淵町	99.3	99.9	32.1
	熊本県	水上村	99.3	99.8	24.9

出典：総務省「平成24年度　市町村税徴収実績調」

表3-②「税の納付率」ワーストランキング

順位	都道府県	自治体	合計徴収率（%）	現年分徴収率（%）	滞納繰越分徴収率（%）
1	福井県	勝山市	41.5	98.5	1.9
2	長野県	小谷村	61.6	92.5	5.8
3	新潟県	妙高市	63.9	95.0	4.1
4	長野県	白馬村	64.6	91.7	18.1
5	和歌山県	太地町	66.0	96.9	3.8
6	栃木県	那須烏山市	66.2	95.7	5.6
7	長野県	野沢温泉村	68.3	94.7	13.4
8	群馬県	片品村	68.7	92.8	8.0
9	長野県	山ノ内町	69.2	93.2	9.8
10	青森県	大鰐町	70.3	93.3	4.1
11	青森県	風間浦村	71.4	97.8	5.6
12	福島県	北塩原村	72.3	96.9	7.2
13	北海道	小樽市	73.8	95.0	7.2
14	新潟県	湯沢町	74.8	96.3	9.4
15	福岡県	糸田町	76.6	96.4	15.3
16	福島県	浪江町	77.3	97.5	50.2
17	千葉県	九十九里町	77.5	95.3	14.5
	千葉県	八街市	77.5	95.3	13.4
	石川県	加賀市	77.5	95.3	7.0
20	群馬県	みなかみ町	77.7	96.0	7.0
21	青森県	中泊町	77.8	95.6	11.0
22	群馬県	草津町	77.9	96.3	13.3
23	群馬県	長野原町	78.3	96.3	8.8
24	青森県	大間町	78.6	95.2	14.0
25	石川県	輪島市	79.0	96.8	6.2

表4-① 市区町村長選挙「投票率」ベストランキング

順位	都道府県	自治体	投票日	投票率（%）
1	沖縄県	多良間村	2013/6/16	97.68
2	山梨県	小菅村	2012/6/3	96.48
3	鹿児島県	宇検村	2011/1/16	96.43
4	岐阜県	白川村	2011/4/24	95.80
5	沖縄県	与那国町	2013/8/11	95.48
6	沖縄県	伊平屋村	2013/9/1	95.30
7	山梨県	道志村	2013/7/7	94.69
8	奈良県	黒滝村	2013/5/19	94.44
9	熊本県	水上村	2011/4/24	93.98
10	北海道	中川町	2011/4/24	93.82
11	岡山県	新庄村	2014/8/24	93.76
12	鹿児島県	三島村	2013/11/17	93.73
13	山梨県	早川町	2012/10/28	93.68
14	熊本県	山江村	2014/7/20	93.43
15	福島県	葛尾村	2012/10/21	93.36
16	沖縄県	粟国村	2012/7/15	93.30
17	福島県	只見町	2012/11/25	93.09
18	長崎県	小値賀町	2011/4/24	92.63
19	長野県	根羽村	2011/4/24	92.28
20	鹿児島県	天城町	2014/12/7	92.19
21	高知県	三原村	2013/12/22	92.15
22	北海道	陸別町	2011/4/24	92.10
23	北海道	沼田町	2011/4/24	91.80
24	北海道	北竜町	2012/2/5	91.66
25	福島県	昭和村	2014/4/20	91.61
26	長野県	売木村	2012/7/1	91.51
27	北海道	興部町	2011/4/24	91.35
28	秋田県	上小阿仁村	2011/4/24	90.48
	福岡県	赤村	2013/6/30	90.48
30	長野県	南相木村	2011/11/27	90.43
31	北海道	滝上町	2011/4/24	90.25
	岡山県	西粟倉村	2011/9/4	90.25
33	群馬県	片品村	2013/10/27	90.23
34	青森県	蓬田村	2013/10/27	90.08
35	福島県	中島村	2014/9/7	90.01
36	鹿児島県	南種子町	2011/4/24	89.98
37	熊本県	高森町	2011/4/24	89.60
38	宮崎県	椎葉村	2013/6/23	89.27
39	和歌山県	古座川町	2012/6/3	88.81
40	山梨県	山中湖村	2012/12/2	88.68
41	福島県	三島町	2011/5/15	88.61
42	北海道	南富良野町	2012/4/22	88.53
	和歌山県	すさみ町	2011/4/24	88.53
44	北海道	壮瞥町	2011/4/24	88.40
45	奈良県	上北山村	2012/12/2	88.27
46	北海道	中札内村	2013/6/16	88.21
47	岐阜県	東白川村	2014/4/13	88.12
48	鹿児島県	龍郷町	2013/10/20	88.06
49	愛媛県	松野町	2012/11/18	88.02
50	福島県	塙町	2012/6/24	87.98

表4-② 市区町村長選挙「投票率」ワーストランキング

順位	都道府県	自治体	投票日	投票率（%）
1	千葉県	市川市	2013/11/24	21.71
2	東京都	港区	2012/6/10	22.13
3	広島県	福山市	2012/8/5	22.59
4	埼玉県	朝霞市	2013/2/24	22.69
5	東京都	品川区	2014/10/5	23.22
6	千葉県	富里市	2011/7/31	23.46
7	大阪府	大阪市	2014/3/23	23.59
8	福井県	福井市	2011/12/18	23.64
9	埼玉県	春日部市	2013/10/20	23.82
10	千葉県	柏市	2013/11/10	24.99
11	徳島県	徳島市	2012/3/25	25.64
12	兵庫県	尼崎市	2014/11/16	25.69
13	東京都	新宿区	2014/11/9	25.80
14	東京都	目黒区	2012/4/22	26.94
15	埼玉県	川口市	2014/2/9	27.32
16	大阪府	門真市	2013/6/16	27.77
17	愛知県	扶桑町	2012/8/26	28.05
	高知県	高知市	2011/11/27	28.05
19	青森県	八戸市	2013/10/27	28.48
20	東京都	杉並区	2014/6/29	28.79
21	奈良県	橿原市	2011/10/30	29.02
22	神奈川県	横浜市	2013/8/25	29.05
23	愛知県	春日井市	2014/5/25	29.47
24	東京都	中野区	2014/6/8	29.49
25	埼玉県	深谷市	2014/1/26	29.68
26	東京都	府中市	2012/1/22	30.09
27	宮城県	仙台市	2013/8/11	30.11
28	福岡県	粕屋町	2011/10/23	30.13
29	大阪府	摂津市	2012/9/16	30.45
30	埼玉県	狭山市	2011/7/10	30.54
31	佐賀県	小城市	2013/3/24	30.67
32	兵庫県	高砂市	2012/4/8	30.70
33	和歌山県	和歌山市	2014/8/10	30.84
34	愛知県	日進市	2011/7/3	30.87
35	広島県	東広島市	2014/4/20	30.88
36	埼玉県	戸田市	2014/3/23	31.18
37	千葉県	千葉市	2013/5/26	31.35
38	宮崎県	宮崎市	2014/1/26	31.56
39	東京都	荒川区	2012/11/11	31.66
40	東京都	練馬区	2014/4/20	31.68
41	埼玉県	越谷市	2013/10/27	31.73
42	東京都	武蔵村山市	2014/5/25	32.33
	愛知県	一宮市	2010/12/26	32.33
44	東京都	昭島市	2012/10/14	32.76
45	埼玉県	熊谷市	2013/10/27	32.80
46	神奈川県	川崎市	2013/10/27	32.82
47	岡山県	岡山市	2013/10/6	33.34
48	鹿児島県	鹿児島市	2012/11/25	33.47
49	岡山県	倉敷市	2012/4/22	33.72
50	兵庫県	三田市	2011/7/24	34.11

表5-① 市区町村議員選挙「投票率」ベストランキング

順位	都道府県	自治体	投票日	投票率（%）	順位	都道府県	自治体	投票日	投票率（%）
26	高知県	三原村	2011/4/24	91.77	1	沖縄県	多良間村	2013/5/19	98.23
27	群馬県	上野村	2011/4/24	91.70	2	鹿児島県	三島村	2011/4/24	98.21
28	島根県	知夫村	2011/4/24	91.65	3	沖縄県	与那国町	2014/9/7	97.14
29	熊本県	産山村	2011/4/24	91.62	4	鹿児島県	十島村	2012/4/29	95.77
	鹿児島県	大和村	2012/5/20	91.62	5	奈良県	野迫川村	2011/4/24	95.58
31	北海道	真狩村	2011/4/24	91.57	6	沖縄県	北大東村	2014/9/7	95.41
32	長野県	売木村	2012/7/1	91.51	7	山梨県	丹波山村	2011/4/24	94.42
33	福島県	只見町	2012/3/25	91.50	8	北海道	神恵内村	2011/4/24	94.08
34	奈良県	天川村	2012/12/2	91.45	9	鹿児島県	宇検村	2012/8/26	94.02
35	北海道	興部町	2011/4/24	91.35	10	熊本県	水上村	2011/4/24	93.98
	福島県	昭和村	2011/6/26	91.35	11	北海道	中川町	2011/4/24	93.82
37	北海道	島牧村	2013/9/15	91.31	12	東京都	利島村	2012/10/7	93.75
38	沖縄県	伊是名村	2014/9/7	91.25	13	宮崎県	諸塚村	2011/4/24	93.53
39	愛知県	豊根村	2011/4/24	91.18	14	北海道	利尻町	2014/9/21	93.26
40	北海道	厚沢部町	2011/4/24	90.99	15	長野県	平谷村	2014/4/20	93.09
41	北海道	北竜町	2011/2/28	90.93	16	長野県	北相木村	2011/4/24	92.99
42	鹿児島県	知名町	2012/8/26	90.66	17	和歌山県	北山村	2011/12/11	92.86
43	宮城県	七ヶ宿町	2014/9/14	90.65	18	長崎県	小値賀町	2011/4/24	92.63
44	北海道	遠別町	2011/4/24	90.64	19	東京都	御蔵島村	2011/4/24	92.31
45	北海道	天塩町	2011/4/24	90.51	20	大分県	姫島村	2011/4/24	92.30
46	青森県	西目屋村	2011/4/24	90.48	21	長野県	根羽村	2011/4/24	92.28
	福岡県	赤村	2013/6/30	90.48	22	鹿児島県	天城町	2014/12/7	92.19
48	秋田県	上小阿仁村	2011/4/24	90.44	23	宮崎県	椎葉村	2011/4/24	92.07
49	岩手県	西和賀町	2011/4/24	90.34	24	山梨県	早川町	2013/9/15	92.03
50	北海道	滝上町	2011/4/24	90.25	25	北海道	沼田町	2011/4/24	91.80

表5-② 市区町村議員選挙「投票率」ワーストランキング

順位	都道府県	自治体	投票日	投票率（%）
1	東京都	日野市	2014/2/16	33.98
2	埼玉県	朝霞市	2011/12/4	34.63
3	東京都	港区	2011/4/24	35.49
4	千葉県	市川市	2011/4/24	36.42
5	兵庫県	西宮市	2011/4/24	37.15
6	千葉県	柏市	2011/8/7	37.62
7	千葉県	松戸市	2014/11/16	37.74
8	千葉県	船橋市	2011/4/24	38.07
9	神奈川県	藤沢市	2011/4/24	38.15
10	東京都	新宿区	2011/4/24	38.69
11	東京都	目黒区	2011/4/24	38.96
12	埼玉県	川口市	2011/4/24	39.06
13	大阪府	豊中市	2011/4/24	39.30
14	千葉県	八千代市	2014/12/21	39.38
15	埼玉県	志木市	2012/4/15	39.58
16	埼玉県	松伏町	2012/4/8	39.71
17	埼玉県	越谷市	2011/4/24	39.76
18	東京都	杉並区	2011/4/24	39.82
19	埼玉県	春日部市	2014/4/20	39.88
20	神奈川県	座間市	2012/9/23	39.98
21	宮城県	仙台市	2011/8/28	40.03
22	埼玉県	和光市	2011/4/24	40.20
23	東京都	渋谷区	2011/4/24	40.22
	東京都	中野区	2011/4/24	40.22
25	埼玉県	伊奈町	2011/4/24	40.45
26	埼玉県	上尾市	2011/12/4	40.48
27	埼玉県	川越市	2011/4/24	40.49
28	埼玉県	新座市	2012/2/19	40.52
29	東京都	品川区	2011/4/24	40.58
30	東京都	西東京市	2014/12/21	40.77
31	神奈川県	厚木市	2011/7/10	40.78
32	埼玉県	入間市	2013/3/17	40.86
33	埼玉県	所沢市	2011/4/24	41.18
34	兵庫県	宝塚市	2011/4/24	41.26
35	栃木県	宇都宮市	2011/4/24	41.27
	埼玉県	富士見市	2013/3/24	41.27
37	東京都	町田市	2014/2/23	41.33
38	兵庫県	尼崎市	2013/6/16	41.38
39	東京都	調布市	2011/4/24	41.42
40	東京都	葛飾区	2013/11/10	41.67
	東京都	立川市	2014/6/22	41.67
42	大阪府	箕面市	2012/8/12	41.69
43	東京都	世田谷区	2011/4/24	41.78
44	大阪府	茨木市	2013/1/27	41.79
45	福岡県	北九州市	2013/1/27	41.95
46	兵庫県	神戸市	2011/4/10	42.04
47	京都府	宇治市	2011/4/24	42.12
48	福島県	福島市	2011/7/31	42.36
49	大阪府	岸和田市	2011/4/24	42.37
50	神奈川県	大和市	2011/4/24	42.41

表6　都道府県議員選挙「投票率」ワースト〜ベストランキング

順位	都道府県	投票日	投票率（%）
1	埼玉県	2011/4/10	39.54
2	千葉県	2011/4/10	40.04
3	兵庫県	2011/4/10	41.43
4	宮城県	2011/11/13	41.69
5	愛知県	2011/4/10	42.01
6	福岡県	2011/4/10	43.12
7	東京都	2013/6/23	43.50
8	京都府	2011/4/10	44.48
9	神奈川県	2011/4/10	45.69
10	岐阜県	2011/4/10	45.70
		平均投票率	51.56
38	富山県	2011/4/10	57.54
39	長崎県	2011/4/10	57.85
40	大分県	2011/4/10	58.41
41	北海道	2011/4/10	58.87
42	佐賀県	2011/4/10	60.20
43	福井県	2011/4/10	60.36
44	鳥取県	2011/4/10	60.55
45	岩手県	2011/9/11	60.60
46	秋田県	2011/4/10	61.18
47	島根県	2011/4/10	68.97

表7　都道府県議員選挙「無投票率」（選挙区）
ワースト〜ベストランキング

順位	都道府県	選挙区数	無投票選挙区	無投票率（選挙区）(%)
1	岐阜県	27	17	62.96
2	山形県	19	11	57.89
3	島根県	14	8	57.14
4	熊本県	22	11	50.00
5	香川県	13	6	46.15
6	岡山県	20	9	45.00
7	新潟県	27	12	44.44
8	青森県	16	7	43.75
9	宮崎県	14	6	42.86
10	千葉県	45	19	42.22
38	静岡県	33	5	15.16
39	神奈川県	49	7	14.29
40	岩手県	16	2	12.50
	栃木県	16	2	12.50
42	愛知県	57	7	12.28
43	愛媛県	13	1	7.69
44	高知県	16	1	6.25
45	京都府	25	1	4.00
46	大阪府	62	2	3.23
47	東京都	42	0	0
	合計	1137	292	25.68

グラフ１　市区町村長選挙「投票率」

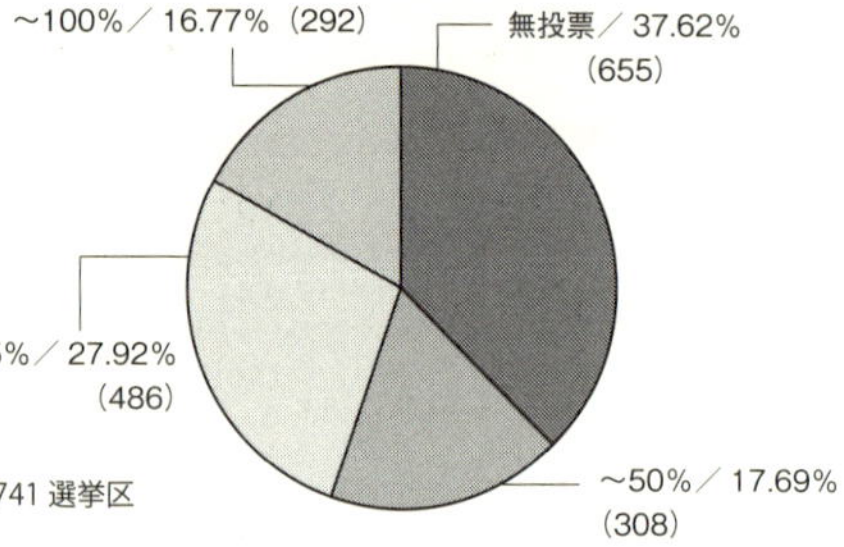

＊（　）内は選挙区数。合計 1741 選挙区

グラフ２　市区町村議員選挙「投票率」

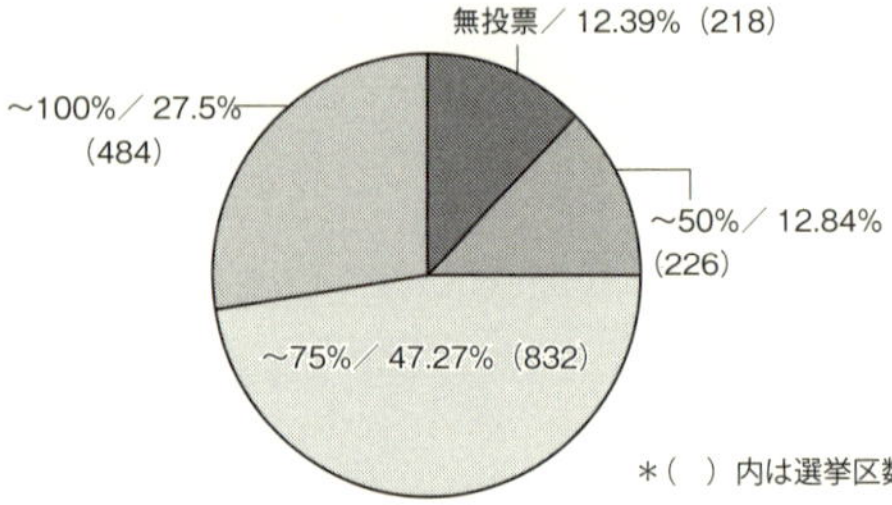

＊（　）内は選挙区数。合計 1760 選挙区

●地方自治選挙「投票率」ランキング調査について

47 都道府県の各選挙管理委員会に対して、首長選挙（都道府県知事、市区町村長）と議員選挙（都道府県議員、市区町村議員）における「投票率」と「無投票選挙」の調査を実施した。選挙期間は 2014 年 12 月末までに実施された直近の選挙（東京 23 区を含む。ただし、補欠選挙は除く）。

府県知事、府県会議員選挙のみしか把握していないと回答してきたのは、神奈川県、京都府、佐賀県の 3 選挙管理委員会。北海道と埼玉県は市町村議員選挙については把握していなかった。

政令市は市全体の投票率。市町村議員選挙では、同一市町村内で選挙区別に議員を選出している自治体があるため、全選挙区数が全区市町村数 1741 より多くなっている。なお、合併した市町村の投票率は割愛した。

第3章　後悔先に立たず「タリキノミクス」の落とし穴

「豊かな自治体」の顔ぶれ～「財政力指数」ランキング

地方自治体の財政的な「豊かさ度」を示す指標に「財政力指数」がある。

これは、各自治体が行う標準的な行政サービスにかかる経費（基準財政需要額）のどれくらいを税収（基準財政収入額）で賄えているかを示した指標だ。

経費を税収ですべて賄える自治体の「財政力指数」は「1以上」となり、財政力のある自治体ほどその数値は大きくなる。逆に税収が経費を下回る自治体は「1未満」となり、税収が乏しいほど小さな数値となってしまう。

国は「財政力指数」が「1未満」の自治体に対し、不足分を地方交付税（所得税、法人税、酒税、消費税、たばこ税の一定割合の額を配分するもので、普通交付税と特別交付税がある）で補塡《ほてん》している。

財源の不均衡を調整し、どの地域に住む住民にも標準的な行政サービスが提供できるように財源を保障しているのである。そのために本来、地方自治体の税収入とすべき財源を国がいったん代わって徴収し、財政力の弱い地方自治体に地方交付税として再配分する仕組みをとっている。

「財政力指数」は各自治体の税収の多寡《たか》を客観的に示した数値だ。「1以上」の「財政力指数」を誇る富裕な自治体と、その逆に「1未満」で財政力の特に弱い自治体は**表8**（p.66）の通りである。

ご覧の通り、ベストランキングには、原発立地自治体や企業城下町、事業所の集積地や高級別荘地、高級住宅都市、さらには一大観光都市や交通の要衝地などがズラリと顔を揃えている。

法人住民税や固定資産税などの収入が巨額に上り、自治体の財布がパンパンに膨れ上がっている恵まれた地域である。ちなみに2012年度の全市町村の税収構造を見ると、固定資産税が一番の稼ぎ頭で42・2%、次いで個人住民税が34・2%、法人住民税が10・5%となっている。

「財政力指数」が「1」を大きく上回る富裕自治体が元気いっぱいであることは間違いない。景気のよい話ばかりが漏れ聞こえ、羨望の眼差しで見られがちとなっている。

なかでも、日本で一番高い「財政力指数」を誇るのが愛知県飛島《とびしま》村（2012年度「財政力指数」は「2・13」）である。知られざる金満自治体の実情を紹介しよう。

表8-②「豊かさ度（財政力指数）」ワーストランキング

順位	都道府県	自治体	人口（人）	財政力指数
1	鹿児島県	三島村	326	0.05
2	鹿児島県	十島村	604	0.06
	沖縄県	渡名喜村	403	0.06
4	山梨県	丹波山村	632	0.07
	島根県	知夫村	588	0.07
	鹿児島県	大和村	1,643	0.07
7	北海道	島牧村	1,719	0.08
	北海道	西興部村	1,146	0.08
	福島県	昭和村	1,484	0.08
	新潟県	粟島浦村	333	0.08
	沖縄県	伊平屋村	1,310	0.08
12	北海道	初山別村	1,361	0.09
	北海道	中頓別町	1,928	0.09
	青森県	西目屋村	1,493	0.09
	山梨県	小菅村	758	0.09
	奈良県	野迫川村	491	0.09
	島根県	海士町	2,297	0.09
	高知県	梼原町	3,750	0.09
	長崎県	小値賀町	2,796	0.09
	大分県	姫島村	2,291	0.09
	鹿児島県	宇検村	1,896	0.09
	沖縄県	渡嘉敷村	707	0.09
	沖縄県	粟国村	775	0.09

表8-①「豊かさ度（財政力指数）」ベストランキング

順位	都道府県	自治体	人口（人）	財政力指数
1	愛知県	飛島村	4,666	2.13
2	北海道	泊村	1,839	2.07
3	青森県	六ヶ所村	10,972	1.62
4	長野県	軽井沢町	19,814	1.53
5	神奈川県	箱根町	12,675	1.51
6	千葉県	浦安市	162,155	1.49
7	茨城県	東海村	38,332	1.48
8	新潟県	刈羽村	4,829	1.47
9	山梨県	山中湖村	5,906	1.45
10	東京都	武蔵野市	139,535	1.43
11	茨城県	神栖市	94,442	1.34
12	大阪府	田尻町	8,422	1.31
13	愛知県	東海市	111,362	1.28
14	福島県	大熊町	10,942	1.27
	千葉県	成田市	130,469	1.27
	佐賀県	玄海町	6,300	1.27
17	静岡県	長泉町	41,912	1.26
	三重県	川越町	14,552	1.26
19	埼玉県	戸田市	128,345	1.24
20	群馬県	上野村	1,370	1.20
21	東京都	調布市	223,220	1.19
22	静岡県	御前崎市	34,702	1.17
23	福岡県	苅田町	36,066	1.16
24	新潟県	聖籠町	14,254	1.15

出典：総務省「平成24年度　市町村別決算状況調」
＊人口は、住民基本台帳に登載された2013年3月31日現在のもの

カネが溢れていても人が増えない～【「財政力指数」ベストワン】愛知県飛島村

名古屋市に隣接する愛知県飛島村は、人口約４５００人。面積が約22・53平方キロメートルしかない小規模な自治体だ。海に面し、村のほとんどが海抜ゼロメートル以下である。村の南部は名古屋港の一角を占め、日本でも有数の港湾物流拠点となっている。コンテナ埠頭が整備され、木材や鉄鋼、航空機産業、さらには火力発電所といった各種事業所が集積する。狭い村内に一大臨海工業地帯を抱えているのである。

その一方、村の北部にはのどかな田園風景が広がる。飛島村はもともと江戸時代に干拓によって開発され、純農村地帯として発展してきた。現在もコメやムギ、ネギ、ホウレンソウ、花《か》卉《き》などの栽培が盛んに行われている。

地域全体の経済力は、自治体財政に大きな影響を及ぼす。地域経済が低迷すれば自治体財政は窮乏し、好調になれば自治体の懐も潤う。両者は当然のことながら、不可分の関係にある（あくまでも歳入面での話）。

工業と農業、さらには物流拠点として発展する飛島村。その財政力は驚異的なレベルになっている。

飛島村の税収は約38億１０００万円（２０１０年度決算、以下同）で、うち76％が固定資産税である。村内に集積する事業所からの納税がその主軸となっている。村の基準財政収入額が約31億6416万円なのに対し、基準財政需要額は約14億2072万円。

富裕な自治体である飛鳥村は堅実な財政運営を続けており、借金残高はわずかに約6億1128万円。その一方、貯め込んだ基金は合計で約71億6472万円に上り、49億5093万円の村の年間歳出規模を大きく上回る。

巨額な借金の返済のために窮乏生活を続ける北海道夕張市（2012年度「財政力指数」は「0・18」）とは、まさに対極の存在だ。

豊かな税源を持つ飛鳥村は、独自の村づくり施策に邁進する。子育てと教育、健康と福祉、そして地域防災などに特に力を入れており、村単独による事業を展開している。

たとえば、各種の子育て支援である。子どもの医療費の無料化を2012年度から18歳までに拡充した。子どもを持つ村民には、出生時と小学校と中学校の入学時に、それぞれ10万円の祝い金が村から支給される。また、中学2年の夏休みに希望者全員をアメリカの姉妹都市に派遣する事業（1991年から実施）があり、その費用を村が全額負担する。

また、飛鳥村には長寿祝い金の制度もあり、90歳で20万円、95歳で50万円、100歳で100万円が村からそれぞれ支給される。

もちろん、こうした現金支給型の住民サービスだけではなく、各種のハコモノ整備によるサービスも充実している。

そんな飛島村が最重要施策と位置付けていたのが、小中一貫教育を実施する学校の新設である。村に1校ずつあった小学校と中学校を統合し、施設一体型の小中一貫教育校「飛島学園」として開校する取り組みだ。

飛島学園は村役場近くに建設され、2010年4月に開校した。義務教育9年間を4、3、2年に3区分し、英語教育や少人数指導授業を充実させるなど、先進的な取り組みを進めている。

約32億1500万円をかけて建設された校舎は、さまざまな学習形態に対応できるように最新・最適な施設構成となっている。広々とした校舎内は清潔感と開放感に溢れており、この抜群の教育環境で、現在、三百数十人の小・中学生が学んでいる。

財政難から富裕村へと大変貌

飛島村の存在は、自治体関係者の間に広く知れ渡っている。桁外れの富裕ぶりに誰もが驚き、そして、ただただ羨ましいと思うのである。

羨望の眼差しで見られる飛島村だが、当初から豊かな村だったわけではない。実は今の夕張市並みの財政難に見舞われた苦難の時代もあった。

1959年9月に伊勢湾台風の襲来を受け、飛島村は壊滅的な打撃を受けた。132人もの村民が犠牲となり、住宅の被害は流失、半壊、全壊合わせて722戸にも及んだ。村の税収は激減し、災害復旧費に膨大な予算を必要とした。村の財政は危機的状況に陥り、翌年1960年度の「財政力指数」は「0・22」という低い数値になった。

こうした厳しい状況が10年ほど続いた後、飛島村に大きな転機がやってきた。埋立地の帰属の決定である。1971年12月、名古屋湾内の埋立地「西部臨海工業地帯」の西2区・4区が、争奪戦を経て飛島村に編入されることになった。村は喜びで沸き返り、税収も激増。編入前と比べて3・6倍にまで跳ね上がったのである。

飛島村は臨海工業地帯を手に入れ、日本有数の富裕自治体へと大変貌した。

世間では「カネ持ちケンカせず」とよく言われるが、自治体の場合は「カネ持ち合併せず」となる。飛島村もその例外ではなく、「平成の大合併」時に周辺から秋波を送られながらも、単独路線を貫いた。合併するメリットや必要性などが見えてこなかったからだろう。

カネがあっても人を呼び込めない

「どんなにカネがあっても、住む人がいなくなってしまったら意味がない」

一方でこう心配するのは、飛鳥村のある住民。「若い人たちが村に住むように、もっと早く手を打たなければダメだ」と、危機感を漂わせる。

実は、飛鳥村では極めて珍しい現象が続いている。金満自治体と羨ましがられながら、村の人口が一向に増えないのである。

飛鳥村の財政は盤石で、住民サービスの手厚さは群を抜く。しかも、名古屋市に隣接し、地の利もある。子育てのしやすさなどを求め、外から転居してくる人が多いかと思いきや、現実はそうなっていない。もちろん、夕張市のような急激な人口減に見舞われてはいないが、人口は横ばい傾向でまったく増えないのである。

飛鳥村の人口は、2012年4月の住民登録者で4524人。その1年前は4526人、2年前は4496人、3年前の2009年は4493人。2010年の国勢調査では4525人。2005年の国勢調査人口は4369人なので、常に4500人前後で推移している。変動が少なく、まるで住民が固定しているかのようだ。

こうした現象は、外からの流入人口がほとんどないことによる。このため、「飛鳥村は他所から人が転入できないようにしているのではないか」と冗談半分に話す人までいるが、もちろん、それは事実ではない。

小さな飛島村はある特殊な事情を抱えていた。村の北部は干拓によってつくられた農地がほとんどだ。そして、南部は埋め立てで造成された臨海工業地帯である。市街化区域はわずか8・66平方キロメートル（東京23区でもっとも狭い台東区が約10平方キロメートル）しかなく、残りはすべて市街化調整区域（13・87平方キロメートル）だ。

つまり、宅地として新たに活用できる土地そのものが乏しく、住宅を建設すること自体が困難となっている。

飛島村にはアパートがあるくらいで、高層マンションはない。不動産業者は村内に3軒だけで、「住宅関係の取引はほとんどない」（村のある不動産屋の話）という。村としても「何も手を打たなければ、人口は減ってしまう」と危機感を抱いている。

村も宅地造成を模索しているが、村の土地の平均海抜はマイナス1・5メートル。厳重な防災対策が不可欠なこともあり、難航しているという。

ものづくりエリアの臨海部として急速に発展した飛島村。地の利が巨額の税収を呼び込むことにつながったが、その反面、人を呼び込むことに苦慮している。

愛知県飛島村

◆「財政自律度」ベスト11位

◆「住民１人当たりの借金残高」ベスト7位
◆「税の納付率」ベスト14位
◆「自治体選挙における投票率」
　村長選挙82・３７％（２０１２年３月25日）ベスト１４２位
　村会議員選挙82・８５％（２０１４年４月24日）ベスト２２６位
◆「豊かさ度（財政力指数）」ベスト1位

「タリキノミクス」自治体の４分類

財政力を誇る自治体が必ずしも自律しているというわけではない。

自治体の税収の豊富さと自律度や住民生活の豊かさは、実のところ、イコールではない。潤沢な税収が住民らの切磋琢磨とは無関係に生み出されているケースも少なくないからだ。

こうして自分たち以外の大きな存在（他力）に頼り切る習性が染みついている者も「タリキノミクス」（自治体）、ないしは「タリキスト」（住民）と表現したい。

逆に、何かに頼らず、自分たち（自力）で努力を重ねる者が「ジリキノミクス」（自治体）、ないしは「ジリキスト」（住民）である。

だが、誤解なきように願いたい。

この世の中、すべてを自分たちだけでできるはずもない。完璧な存在などあり得ず、互いに支え合い、補い合って初めて世の中は成り立つものだ。「ジリキスト」と言っても自己完結することを意味せず、自分たちで創意工夫や努力を重ね、欠けたる部分について他者の協力を仰ぐことを意味する。

そうした創意工夫や努力をせずに、はなから何者かに依存するのが「タリキスト」である。日本の地方自治体の多くが「タリキノミクス」に陥っている。なぜ、そうなっているかは一旦おいて、「タリキノミクス」自治体にはどんなタイプがあるのかを、ざっと分類し、それぞれの特性を紹介したい。

1つ目は、巨額の税収をもたらすものに頼り切っている自治体だ。これを「あぐら(胡坐)型」と呼びたい。敦賀市(福井県)や六ヶ所村(青森県)、柏崎市(新潟県)、御前崎市(静岡県)、玄海町(佐賀県)といった一連の原発立地自治体や、守口市(大阪府、三洋電機)や亀山市(三重県、シャープ)、座間市(神奈川県、日産自動車。現在は工場閉鎖)や南足柄市(神奈川県、富士フイルム)といった企業城下町である。

使いきれないほどの税収に悠然としている自治体ばかりだが、突如、破綻する危険性と背中合わせの日々を送っている。

2つ目は、恵まれた諸条件や蓄積してきた富を言わば食いつぶしているタイプだ。ややきつい表現になるが、「放蕩型」である。橋下市政前のかつての大阪市が代表的な存在だ。

3つ目は、旧産炭地や過疎地域などである。地域産業の崩壊や条件不利な環境を理由に実施された国の支援策に依存し切っている地域である。手厚い保護を当たり前のように受け続けてしまった甘えっ子タイプ「過保護感覚マヒ型」である。夕張市（北海道）はこちらに入る。国への依存が伝統のようになってしまった北海道も同様だ。

4つ目は、国の打ち出す政策に忠実に従う中央官庁いいなりタイプ。「中央官庁依存型」である。このタイプが一番多い。

では、各地に繁茂する「タリキスト」「タリキノミクス」の具体例を紹介しよう。

まずは「あぐら型」だ。その中の一つ、企業城下町の事例を見ていこう。

富裕自治体からの転落～【「あぐら型」タリキノミクス】神奈川県南足柄市

「土地開発公社が行財政改革の本丸です。これを解決すれば、市の将来が見えてきます」

神奈川県南足柄市の幹部職員は堅い表情でこう語る。

金太郎伝説で有名な金時山の山麓に広がる南足柄市は、人口約4万3400人の小さな地方都市だ。市の中央を流れる狩川《かりがわ》と伊豆箱根鉄道大雄山線沿いに市街地が形成されている。豊富な水と緑を誇る南足柄市は、全国でも指折りの富裕自治体として知られていた。1990年に「財政力指数」が「1・58」を記録し、ベストテン入りしたこともあった。

1934年に富士フイルムが足柄工場での操業を開始し、世界的な大企業に成長していくと、その主力工場を抱える南足柄市も企業城下町として発展していった。数千人規模の従業員が働いていたからだ。

市税収入は潤沢で、ピーク時（1992年）には108億円以上にも上った。法人市民税だけで約42億円も集まった時もあった。南足柄市の場合、標準的な行政サービスの提供にかかる経費（基準財政需要額）は約63億円（2013年度）なので、法人市民税だけでその3分の2が賄えたことになる。

市にとって富士フイルムは文字通りの大黒柱であった。

恵まれた財政事情もあり、南足柄市は行政サービスの充実に力を入れた。体育館や温水プール、運動公園や文化会館といった公共施設を相次いで建設したのである。そうしたハコモノの建設用地を市の「土地開発公社」が次々に先行取得していった。

土地開発公社とは、公共事業用地を自治体に代わって先行取得する外郭団体のことだ。自治体の依頼に基づき、金融機関からの借入金（自治体が債務保証）で土地を取得する。本来は、事業化の段階で自治体が土地を買い取り、公社はその代金を借入金の返済に充てる仕組みとなっている。

ところが、南足柄市の場合は違った。公社が保有する土地の8割を市が買い取ることなく、そのまま利用していたのである。市の担当者は「施設建設などを優先し、土地の買い取りにカネが回らなかった」と説明する。

約12万平方メートル、額にして65億5100万円の土地が10年以上の長期にわたり、土地開発公社の保有になっていた。代金が入ってこないのだから当然のことながら、土地開発公社の経営は青息吐息となっていった。豊富な税収の上であぐらをかいたまま、緊張感なく財政運営してきたのである。

南足柄市はようやく重い腰を上げ、2010年から毎年2億7000万円分の土地を買い取りはじめたが、すでに公社の借入金にかなりの利息が発生しており、保有残高はなかなか減らなかった。

そこで市は、「第三セクター等改革推進債（三セク債）」の発行を決断した。これは土地開発公社の解散を条件とし、国が特例的に発行を認めた地方債である。三セク債を発行し、公社の借入金を自治体本体が肩代わり（代位弁済）するのである。行政関係者の間では「たたみ債」と呼ばれている代物だ。

公社の借入金の償還が2013年9月に迫っていたため、南足柄市は約61億円の三セク債を発行して債務を償還した上で、公社を解散させた。

企業からの税収頼みの危うさ

実は、南足柄市の財政環境は2000年前後から急速に悪化していた。頼みの綱である富士フイルムの経営環境が変わり、足柄工場の規模が縮小されることになったからだ。これまで溢れんばかりに入っていた法人市民税がみるみる激減し、ピーク時の10分の1以下となってしまった。「財政力指数」も右肩下がりを続け、2010年に単年度で「1」を切ることになった（2012年度は「0・96」）。

全国でも指折りの富裕な自治体だった南足柄市が地方交付税を受け取る側に変わってしまったのである。急速に縮む歳入に市は大慌てとなり、歳入に合わせた歳出に転換する必要に迫られた。

市は2008年度から行財政改革に取り組むことになった。職員の人件費をカットし、補助金の見直しや手数料の引き上げ、そして、ハコモノの整理などを打ち出した。人口4万人規模の自治体にしては公共施設の数が多かったからだ。

真っ先に俎上《そじょう》に載ったのが、1992年に市制施行20周年を記念して建てられた文化会館だった。1110席と292席の2つのホールを持つ大規模施設で、年間の維持管理費だけで1億3000万円から1億4000万円ほどかかっていた。身の丈以上の大きさで、稼働率は低迷していた。

市は2009年9月に文化会館を「当分の間休館する」との検討結果を明らかにした。「財政状況が改善したら開館する」という意味合いだったが、市民がこれに猛反発した。行政サービスを一方的に低下させるものだとの異論が噴出し、市への批判がうねりとなっていったのである。

2011年4月の市長選挙で行財政改革を進めた現職が敗れ、新人にとって代わられる事態となった。2期で退陣となった前市長は富士フイルムのOBで、新たに市長に就任したのは市の元幹部職員だった。

こうして文化会館は運営方法を見直した上で存続することになった。コスト削減の努力を行ったが、それでも維持管理費は年1億1000万円ほどになるという。

個別の行政サービスにかかるコストを意識している住民は少ない。むしろ、「そんなこと考えたこともない」という人がほとんどだろう。どんなに手厚いサービスも当たり前のように享受し、何とも思わなくなってしまっているのである。

行政が提供するサービスは「タダ」と勘違いし、あれもこれもと要求をエスカレートさせがちだ。

しかし、行政サービスがタダで提供できるはずもなく、税金が投じられている。その税金は天から降ってくるものではなく、地から湧き出てくるものでもない。一人ひとりの納税者が払っているのである。

住民は自分の生活上の支出と同様に、コスト意識をもって税金の使途を考えねばならない。必要不可欠な行政サービスと過大過剰なサービスを峻別《しゅんべつ》する眼力を身につける必要がある。

贅沢は自分のカネでするべきだ。

神奈川県南足柄市

◆「財政自律度」ワースト368位

◆「住民1人当たりの借金残高」ベスト314位

◆「税の納付率」ベスト543位

◆「自治体選挙における投票率」
市長選挙65・74％（2011年4月24日）ベスト496位
市会議員選挙65・74％（2011年4月24日）ベスト835位
◆「豊かさ度（財政力指数）」ベスト96位

「橋下ポピュリズム論」の誤解～【「放蕩型」タリキノミクス】大阪市

今まで受けていた行政サービスを当たり前だと思っている住民が多く、歳入に合わせた歳出に見直そうとするのはなかなか難しいのが実情だ。

次は「放蕩型」の自治体を見ていこう。


税金の使い方にどうにも納得がいかないと、首を傾げる人が多い。もちろん、誰からも不平不満の出ない税金の使い方など不可能だろうが、それにしてもおかしいという疑問である。相変わらず続く無駄遣いへの怒りだけではなく、時代や状況の変化に対応せず、同じような予算配分を漫然と繰り返すことへの不満も強まってくる。税金を投入する優先順位に歪みがあり、住民ニーズとの間にズレが生じているとのやり切れない思いだ。

実際、行政サービスの構造が硬直化し、新たなニーズに的確に対応できずにいる自治体は多い。これまでのサービスが既得権化し、なかなかメスを入れられずにいるのである。

役割をすでに終えたものや過大過剰な行政サービスの見直しに、首長や議会、行政が尻込みしてしまうからだ。中には住民が直接、享受しているものも少なくなく、反発を恐れているのである。

確かに、誰もが一度、手にしたメリットは手離したくないと思うものだ。また、サービスを受けているうちに、いつの間にか、受けられるのが当たり前と思ってしまいがちだ。他の地域の実情を知らないため、それが破格のサービスであっても厚遇と気付かず、平然と享受しているのである。

税金が使い切れないほど集まった時代ならば、それもわからぬでもないが、そんな夢のような時代はとうに過ぎ去っている。財政が悪化の一途をたどる中で、既得権化した行政サービスを漫然と継続していたら、大きなしわ寄せがあちらこちらに出てくるのは当然だ。

その典型事例がかつての大阪市だ。

大阪市民の厚遇とハコモノ充実度

市職員や市議への大盤振る舞いで過去に激しい批判を浴びた大阪市だが、実は、一部市民もさまざまな厚遇を享受していた。

たとえば敬老パスだ。大阪市は70歳以上の全市民に対し、大阪市営交通（地下鉄・バス・ニュートラム）を無料で利用できる敬老優待乗車証を交付していた。本人はタダでバスなどに乗れるが、利用料金を市福祉局が本人に代わって市交通局に支払うという仕組みとなっていた。

1972年からはじめられた福祉事業で、当時の対象者（70歳以上）は市民の3％程度に過ぎず、市の負担額は年間約8億円だった。

ところがその後、高齢化が急速に進み、対象者は約36万人に膨れ上がった。市民の13・5％にあたり、市の負担額も年間約90億円に至った。元気な高齢者も多く、敬老パス利用者の年間最高利用額は80万円にも上ったという。

こうした敬老パスは、大阪市が諸制度を比較対照する横浜市や名古屋市、京都市、神戸市の4市にもあるが、本人の利用額や所得に応じた一部負担を設けずに完全無料なのは、大阪市のみだった。

大阪市には高齢者世帯の上下水道料金を減免する制度もあった。基本料金分（現在、上下合わせて月1620円）を減免するもので、一般的に使用量の少ない高齢者世帯にとって、上下水道料金が事実上タダになるありがたい制度だ。こちらも対象世帯を所得や資産などで限定しておらず、比較4市にない破格のサービスとなっていた。

大阪市はいわゆるハコモノの充実度も突出している。24区ごとにスポーツセンターや屋内プール、子ども・子育てプラザ、老人福祉センターが設置され、さらに全市的な拠点施設が各種、整備されている。

人口当たりの施設の整備状況は、比較4市を大きく引き離している。もともと狭い大阪市が24の行政区に分かれている。横浜市（18行政区）や名古屋市（16行政区）などと比べると、1区平均の人口や面積はずっと小さく、細分化されている。

それでも各行政区ごとに同種の施設を公平に整備してきたため、ハコモノが増えることになった。合理的な配置を考えようものならば、24区ごとに選出される市議会議員が黙っていないからだ。

教育環境の劣悪化で学力・体力低迷

大阪市には、比較4市の水準を大きく上回る施策や事業がある一方で、そのしわ寄せをもろに受けたと思われる分野があった。子どもたちへの予算配分、つまり教育の分野である。

大阪の子どもたちは、学力と体力の両面で低迷している。とりわけ、中学生の学力不足が深刻化している。文部科学省が行った全国学力調査（２０１０年）で、大阪府の中学生は47都道府県の中で45位。ビリは免れたものの、下から3番目という、目を覆いたくなるような成績だった。

なぜ、大阪の子どもたちは成績不振なのか。
要因の一つに教育環境の劣悪化があげられた。

大阪市の小中学校では、教室に空調機が設置されていなかった。音楽室や図書室、校長室や職員室、保健室などに例外的に設置されているだけで、普通教室にはクーラーはない。それどころか、扇風機の設置も進んでおらず、小中学校の全教室の約3割に留まっていた。

また、大阪市の中学校では給食が実施されていなかった。保護者などが「愛情（家庭）弁当」を持たせるべきだとの「教育的な考え方」によるそうだ。しかし、小学校では給食が実施されていることから、当局の言い逃れにしか聞こえない。

劣悪な教育環境の下にいたのは、子どもたちだけではなかった。大阪市の教職員も厳しい教育現場での仕事を強いられていた。たとえば、ICT（情報通信技術）化の大幅な遅れである。

今や教員には1人1台の専用パソコンを配備するのが、ごく普通のことだ。ネットワークを構築し、校務負担の軽減や情報の有効活用を図ることで、教員の本来の仕事である子どもたちと向き合う時間を増やすことにつなげられるからだ。

ところが、大阪市では教員へのパソコン配備が後回しにされ続け、他の政令市が次々に1人1台を実現するのをじっと眺めているだけだった。

もちろん、それは担当者の認識が遅れていたわけではない。過剰なサービスやハコモノに予算が投じられる一方で、必要不可欠な分野にきちんと予算が回らずにいたのである。

溜まった既得権の洗い流し

こうした歪んだ状況を打ち破ったのが、2011年の橋下徹市長の誕生だった。市長選挙で「既得権を見直し、真に必要としている方々へ真に必要なサービスを届けるために、『グレートリセット』を行う」と主張し、当選した。そして、公約通り、税金の使い方を転換する予算編成を次々に断行したのである。

たとえば、中学校の給食だ。2012年9月から段階的に中学校給食を導入し、翌2013年から全中学校に拡大。2014年4月から1年生を対象に全員給食に移行した。また、小中学校へのクーラー設置にも力を入れた。2012年と2013年の2年間で全中学校の普通教室にクーラーを設置し、小学校には2014年から3年間かけて設置することになった。

こうした現役世代への支援策を進める一方で、敬老パスへの一部自己負担導入（年間3000円の負担金と1回の乗車につき50円の負担）やハコモノの統廃合といった市民サービスの見直しも盛り込んでいる。

橋下政治をポピュリズム（大衆主義、大衆迎合）と評する人がいるが、見当違いも甚《はなは》だしい。また、「弱者切り捨て」とステレオタイプの批判をする人もいるが、「木を見て森を見ぬ」議論と言える。

そもそも、これまで通りの政治や行政（税金の使い方と集め方）を続けていたら、真の弱者を救うことはできない。溜まりに溜まった既得権をきれいに洗い流すことが、第一歩となる。

橋下市長ら「大阪維新の会」は、大阪市24区を5つの特別区に再編し、府市を統合する大阪都の実現を目指している。府と市の両議会で反対されてストップしているが、2015年5月に住民投票が実施されることになった。

大阪市

◆「財政自律度」ワースト63位

◆「住民1人当たりの借金残高」ワースト231位

◆「税の納付率」ベスト270位

◆「自治体選挙における投票率」

市長選挙23・59％（2014年3月23日）ワースト7位

市会議員選挙49・27%（2011年4月10日）ワースト203位

◆「豊かさ度（財政力指数）」ベスト151位

コンパクト化が再生の鍵～【「過保護感覚マヒ型」タリキノミクス】北海道夕張市

北海道夕張市の財政破綻が表面化したのは、2006年の夏だった。巨額の債務を抱えながら、不適切な会計処理で隠蔽していたことが発覚し、夕張市民のみならず日本中が驚愕した。なかには「自治体も倒産するのか」と誤解した人もいたようだ。自治体は財政運営に失敗したとしても、一般企業のように倒産して消えてなくなることはない。だからといって安堵しないでいただきたい。住んでいる自治体が財政破綻となれば、これまで受けていた行政サービスは切り下げられ、税金や公共料金、手数料などは軒並みアップされることになる。

夕張は「炭鉱のまち」から「観光や映画のまち」への転換に成功し、成果を上げていると思われていた。過疎化や高齢化、人口減少や地域経済の衰退に苦しむ地方の小規模自治体にとって、言わば「希望の星」のような存在だった。

夕張市は2007年3月から「財政再建団体」（その後、「財政再生団体」に移行）となり、国の管理下に置かれることになった。

市が抱えていた負債総額は約632億円。このうち通常の市債残高を除いた360億円を、

20年程度で返済する計画が立てられた。その後、18年間（2026年度まで）で353億円を返済することになった。

夕張市の人口は約1万人。破綻後の6年間で3000人近く減少し、ピーク時の1割以下となっている。市としては、約45%という高齢化率は全国トップで、15歳未満の人口比率は全国最低だ。

夕張市の予算規模は約100億円で、歳入の半分が国からの地方交付税である。市税収入は10億円にも満たない。歳出削減と歳入増に向けた懸命な努力が続けられているが、財政再建への道は険しい。

破綻発覚前に270人いた市職員は、123人（2013年2月時点）と半分以下に減っていた。職員給与は3割カットとなり、一般職の平均年収は640万円から400万円になったという。

破綻後2人目の市長となったのが、東京都職員として夕張支援に派遣された鈴木直道氏だ。都職員を退職して夕張再生の先頭に立った市長の給料は7割カットの月25万9000円である。

もちろん、こうした人件費の削減だけで財政再建できるはずもなく、歳出カットはさまざまな面に及んでいる。必要最小限の事業以外は中止となり、各種団体への補助金も大幅カット。図書館や美術館、集会場、公衆便所といった公共施設も休廃止。破綻の主要因となった観光施設は、市直営を止め、指定管理や民間への売却、譲渡などとなった。

夕張市は南北に細長く、さらに集落が炭鉱の坑口ごとに点在する特異なまちだった。炭鉱の閉山後、市は炭鉱会社が所有していた社宅（炭住）や公衆浴場、病院、道路などを買い取った。このため、市営住宅は４０００戸を超え、市内各所に分散しており、非効率で特殊な都市構造がそのまま温存された。

住民が享受していた各種サービスも維持された。炭鉱会社によるサービスは閉山後、主に行政によって提供されることになった。住民らは行政頼み・行政任せの体質となり、自ら動くという意識は希薄なままだった。「炭都」として栄華を極めた夕張市は、行政コストが肥大化する構造問題を増殖させていた。

夕張市は2012年3月に「まちづくりマスタープラン」を策定した。その中でまちの将来像として掲げられたのが、「コンパクトシティの形成」だ。地域に分散する４０００戸の市営住宅は老朽化が進み、しかも、約4割が空き家。高齢化や人口減を考えると、一定の場所に人が集まって暮らすようなまちづくりが望ましいと考えたのであろう。

北海道夕張市

◆「財政自律度」ワースト1位
◆「住民1人当たりの借金残高」ワースト4位
◆「税の納付率」ワースト773位
◆「自治体選挙における投票率」
　市長選挙82・67％（2011年4月24日）ベスト138位
　市会議員選挙82・63％（2011年4月24日）ベスト231位
◆「豊かさ度（財政力指数）」ワースト206位

ハコモノづくりの打出の小槌

バブル経済の崩壊後、国（政府）は地方に公共投資を増やすよう促した。景気対策の一環である。

公共事業の拡大を誘導するツールの一つとなったのが、「地域総合整備事業債（地総債）」だった。もともと1978年に創設された地総債は、自治体が単独で実施する公共施設の整備などに充当する地方債だ。自治体の自主的・主体的なまちづくりを後押しし、地域の総合的な整備を促進させる目的でつくられた。

地総債は、1984年度から新たに「一般分」と「特別分」という区分が設けられた。このうち特別分については、借金をする自治体が大よろこびするような特典がつけられた。国が元利償還金の一部を、後年度に地方交付税で措置するというのである。つまり、自治体の借金返済の一部を国が肩代わりする仕組みだ。

国にツケ回しできるとあって、地方は欣喜雀躍した。実際、国の補助事業よりも自治体の持ち出しは少なくてすみ、「地総債は有利な起債だ」と全国の自治体が競って活用するようになった。

その後、バブル経済が崩壊し、国は大規模な景気対策を打ち出し、地方にも大型の公共事業を推奨した。こうして地総債を活用した「ハコモノ行政」が日本中を席捲するようになり、全国各地に文化会館や体育館、公民館や美術館などがつくられるようになったのである。

当時、地方政治家や行政関係者がバイブルのように大事に持っていた小冊子があった。『首長さんと議員さんの知恵袋』というもので、地総債を活用する際のマニュアル本だった。そこには、地総債でつくれるハコモノのメニューや事業名がズラリと紹介されていた。この小冊子をまとめたのは、自治省（当時）の関連団体だった。

地方の自主性・主体性を活かすために創設されたはずの地総債は、単に国にツケ回ししてハコモノをつくる「打出の小槌」に変質してしまった。創意工夫とは無縁の世界が地方に広がり、他人の『知恵袋』に頼った安易な事業ばかりとなってしまったのである。

各自治体がまるで競うように活用した地総債だが、国もさすがにハコモノの維持管理までは面倒を見てくれない。イケイケドンドンでハコモノをつくった自治体の多くが、建設後にかかる維持管理費や修繕費などで苦しむことになった。

地総債はその後、「ハコモノ行政を助長し、地域の主体性と財政規律を損ねてしまった」といった批判が強まり、２００１年に廃止となった。

その直前の１９９９年、国は市町村合併の推進を打ち出した。いわゆる「平成の大合併」である。基礎自治体の行財政基盤の確立がその目的に掲げられ、適正な職員配置や公共施設の統廃合など行財政の効率化が謳われた。

その一方で、国は合併を促すために合併特例債などの優遇策も用意した。合併に関連するハコモノ建設費の財源に充てる地方債で、元利償還金の７割を国が後年度に交付税で措置する、これまた「有利な起債」である。

地方がはまった落とし穴～【「中央官庁依存型」タリキノミクス】岐阜県土岐市

「現在、(公共施設白書を)策定中です。各施設の利用状況も調査中で、今年度中(2012年度(当時))にとりまとめます」

こう語るのは、岐阜県土岐《とき》市の行政改革担当者だ。

美濃焼で有名な土岐市は、人口約6万400人、市域の約7割が丘陵地である。産業観光に力を入れている土岐市は、市内に各種のハコモノを持つ。

そうしたハコモノ(公園などを含む)の維持管理費(光熱費や補修費など)は、年間約9億3000万円(2011年度決算、以下同)に上り、歳出総額(約187億8200万円)の5%に当たった。施設関連の人件費を含めると、維持管理費総額は約20億3000万円にも達した。ちなみに、土岐市の普通建設事業費は約21億5000万円だった。

土岐市が多くのハコモノを持つに至ったのには、こんな事情があった。

土岐市は1955年に8町村が合併して誕生した。「平成の大合併」ではなく、「昭和の大合併」で市となった。

当時の人口は約5万人。土岐市は合併当初から旧8町村にあった公共施設を維持し続け、更新や新設する場合も旧8町村ごとに進めてきた。公民館（9館）や保育園（10園）、幼稚園（7園）、児童館（6館）、老人施設（8施設）といったハコモノが、いずれも地区ごとに配置されてきたのである。

人口は1995年に6万5631人を記録した。その人口のピーク時前後に公民館の建て替えや文化会館（セラトピア土岐）の建設などが実施された。例の地総債を活用したのである。対象事業は26に上った。しかしその後、人口は減少し、少子化も加速している。

施設の統廃合は、これまで12園あった保育園が10園になったケースのみ。老朽化による建て替えを機に2園を統合したのと、利用低迷で1園を廃園した。市が長年、保育園や幼稚園を直営してきたこともあり、市内に民間事業者が少ないという事情もあった。

だが、施設の維持管理などが市財政に大きな負担となるのは、必至である。ハコモノの再配置や民間との連携を模索しなければならない時が来ている。にもかかわらず、そうしたことへの危機感が住民の間に浸透していないという。

もちろん、それはこの地域に限った話ではなく、全国に共通する大きな地域課題である。

岐阜県土岐市
◆「財政自律度」ベスト622位

◆「住民1人当たりの借金残高」ベスト85位

◆「税の納付率」ベスト702位

◆「自治体選挙における投票率」

市長選挙70・60%（2011年4月24日）ベスト374位

市会議員選挙70・60%（2011年4月24日）ベスト645位

◆「豊かさ度（財政力指数）」ベスト577位

第４章　実録「ジリキノミクス」で実現した豊かな暮らし

ジリキノミクスへの取り組み

さて一方で、自分たちの力で地域課題を乗り越えようと奮闘する地域や自治体、住民も存在する。外からの救いの手を待ち望むのではなく、自らの創意工夫や努力で困難に立ち向かう自治体を、あらためて「ジリキノミクス」、住民を「ジリキスト」と呼ぼう。

彼らが立ち上がるまでの経緯や事情、抱える課題や取り組み方などは多種多様である。しかし、「ジリキノミクス」「ジリキスト」に至る背景や取り組み方などからいくつかのタイプに分けることができる。

1つ目は「崖っぷち型」だ。これは財政破綻などの絶体絶命のピンチを自らが招き、誰からも手を差し伸べてもらえない状況に立ち至ってのケースである。もはや自力で事態を切り開くしかないところまで追い込まれ、「ジリキノミクス（ジリキスト）」にならざるを得なくなったというパターンだ。親に勘当され、生きるために必死に働かざるを得なくなった放蕩息子のようなものだ。

この「崖っぷち型」は、「タリキノミクス（タリキスト）」から「ジリキノミクス（ジリキスト）」に転向せざるを得なくなったタイプなので、「転向組」との表現が適切かもしれない。現時点の夕張市（北海道）が代表事例で、泉佐野市（大阪府）や日野町（鳥取県）や泉崎村（福島県）もこのタイプに分類される。

2つ目が「退路断ち切り型」である。こちらは前向きな理由から自らジリキの道を選択したケースである。「平成の大合併」という国策に従わず、単独自治体という棘《いばら》の道を選択した小規模自治体に多く見られる。矢祭町（福島県）や智頭《ちづ》町（鳥取県）、下條村（長野県）などだ。

3つ目が「伝統・風土型」だ。もともと自治の精神が根付いているタイプである。地域の特性や独自性を大事にするところに多く見られ、2つ目のタイプとも重なる。例えば秦野《はだの》市（神奈川県）がそうだ。

これら「崖っぷち型（転向組）」「退路断ち切り型」「伝統・風土型」のタイプは、「ジリキノミクス（ジリキスト）」になった「背景」を基に分類したものだ。

片や、「課題を解決するジリキ策をいかにして編み出したか」という観点で分類すると、以下のようになる。

Aタイプが「先人の教え遵守型」、Bタイプが「ひらめき・目から鱗型」、Cタイプが「試行錯誤型」、Dタイプが「人材集約型」である。

では、各地に散在する「ジリキノミクス（ジリキスト）」の具体事例をタイプ別に紹介しよう。

村を蘇らせた「働く公務員」～【「崖っぷち型」ジリキノミクス】福島県泉崎村

「短くても半年、それも2人ずつ何とか受け入れていただけないでしょうか?」

「職員を減らしているので増えるのは困ります。無理です」

「そこを何とかお願いします。〝東北の下條村〟を目指したいんです。受け入れていただけるまで何日もここで寝泊まりする覚悟で参りました」

2010年2月のある日のことだった。2人の男性が応接室で向かい合い、こんなやり取りを続けていた。長野県下條村の村役場の応接室だった。

懇願されて困り果てた表情を見せるのは、下條村の伊藤喜平村長。

一方、要求が受け入れられるまでテコでも動かないと悲壮感を漂わせていたのが、福島県泉崎村の久保木正大村長だ。前年11月に就任したばかりの新人村長だった。直線距離で数百キロメートルも離れた福島から、不退転の決意で訪ねて来たのである。

それは、泉崎村の職員を下條村役場で長期研修させたいという異例の申し入れだった。

市町村職員が県や国、研究機関などに研修目的で出向する事例はよくあることだが、村の職員が他県の村で長期研修するというのは聞いたことがない。短期日程の視察ですますのが、通例であるからだ。

実は、泉崎村の久保木村長は、自らが村議会運営委員だった時に下条村を視察し、さまざまな取り組みの説明を下条村の担当者から受けて、深く感銘した体験を持っていた。

人口4000人ほどの小さな山村に過ぎない下条村は、行政関係者の間から「奇跡の村」と呼ばれていた。財政改革を徹底し、全国トップクラスの健全財政を構築していたからだ。

下条村の「財政力指数」（必要経費を税収で賄える割合）はわずか「0・221」と低いが、実質公債費比率（一般財源に占める借金返済額の割合）はマイナス5・4％で、なんと全国ベスト3位。実質公債費比率がマイナスを記録しているのは、交付税措置付きの借金を繰り上げ償還していることによる。

経常収支比率（一般財源に占める義務的経費の割合）は65・1％と6年連続で6割台を維持。また、村の実質的な借金残高が約1億1400万円に対し、基金残高は約60億円にも上っていた。一般会計の歳出額が約24億2000万円ほどなので、その2年半分に相当する（いずれも2013年度決算）。

「奇跡の村」の役場改革に学ぶ

無駄をトコトン省き、仕事の効率化を追求し続けた下條村の伊藤村長の手腕は、たしかに注目に値する。

伊藤村長は1992年の村長就任直後から、役場職員の意識改革に乗り出した。当時としては常識はずれとも言える職員の民間企業への研修など、役場改革を断行した。ピーク時に59人いた職員を37人にまで減らし、「少数精鋭」に変えた。「お役所仕事」を一掃し、職員を働くプロ集団に育て上げたのである。

こうした役場の奮闘ぶりに、住民たちも呼応した。村が提案した建設資材支給事業を受け入れ、小規模の道路や農道、水路の施工を住民自らが行うようになったのだ。

また、下條村は下水道事業を合併浄化槽に一本化する決断を下していた。国から手厚い補助が出る公共下水や農業集落排水事業よりも、トータルコストが少なくてすむと判断したからだ。実際、その通りの結果となった。

下條村は一連の財政改革によって捻出した財源を、少子化対策などに充てた。子育て世代専用の村営住宅の建設や子どもの医療費無料化などである。こうして山間部に広がる小さな下條村が、全国有数の高い出生率を誇る自治体となったのである。

応接室でのやり取りがしばらく続いた。何度も頭を下げる泉崎村の久保木村長に根負けし、下條村の伊藤村長がとうとう「１人ずつなら……」と受け入れを承諾した。

こうして２０１０年４月から、福島県の小さな村から長野県のより小さな村への職員派遣が実施されることになった。研修は１名ずつ、半年間ごととなった。

それにしてもなぜ、泉崎村の久保木村長はこれほどまでに下條村への職員派遣にこだわったのか。村の悲惨な財政状況がその背景にあった。

先述の通り、北海道夕張市が２００７年３月、国の管理下で再建を進める「財政再建団体」となった。観光事業に失敗し、巨額の負債を抱えていたことが表面化したのである。夕張市の突然の財政破綻に住民のみならず全国民が驚愕し、日本中に夕張ショックが広がった。自治体財政の危うい実態に関心が集まるようになり、誰もが「我が町の財政は大丈夫か」と不安を抱くようになった。

実は、日本中が夕張ショックに見舞われる数年前に、別の自治体がすでに財政破綻していた。夕張市のような全国的な知名度をもつ自治体ではなく、どこにでもあるような地味な小規模自治体であったため、大きな話題となることはなかった。その破綻自治体というのが、ほかでもない福島県泉崎村だった。

イケイケ路線で崖っぷちに

福島県泉崎村は白河市に隣接する小さな農村で、人口約６６００人。福島県南部の一寒村にすぎなかったが、東北新幹線の開業で村を取り巻く環境は大きく変貌した。

１９８２年に新白河駅が開設され、新幹線新駅に隣接する泉崎村はバラ色の夢を描くようになった。１９９１年には東北新幹線の東京駅乗り入れが実現し、村は沸きに沸いた。「我が村が東京への通勤圏内になった」とよろこんだのである。

実際、泉崎村が１９８４年から造成をはじめた住宅用分譲地（４３０区画）は完売し、その後も村役場に問い合わせの電話が殺到した。当時の村長は剛腕で知られた人物だった。「日本一豊かな村に」を公約に掲げ、イケイケの拡大路線を貫いた。新たな住宅用分譲地や工業団地の造成、さらには大規模公園墓地の造成まで目いっぱい手を広げた。

しかし、その時すでにバブル経済は崩壊していた。泉崎村のイケイケ路線は完全に裏目に出てしまったのである。進出予定企業が相次いで中止を宣言し、新たな住宅用分譲地も売れたのは１８０区画のうちわずか12区画だった。

土地の販売代金で造成工事費などを支払うという計画が完全に破綻し、村は約68億円もの負債を抱えてしまった。これは当時の村の標準財政規模（約24億6700万円）の約2・8倍にあたる途方もない額で、泉崎村はにっちもさっちもいかない状況となった。

この事実が明らかになる前に剛腕村長が突然辞職し、村は大騒ぎとなった。

2000年2月に村長選挙が実施された。結果は、前村長の後援会青年部長だった小林日出夫氏の当選となった。対立候補とわずか46票差という大激戦だった。

村内で建築業を営む小林氏は、行政経験はもちろん議員経験もゼロ。泉崎村の財政破綻の詳細について、知る由もなかった。後援会幹部として後継候補の擁立に奔走したが、財政破綻の事実を知る役場幹部は逃げまわり、自らが出馬せざるを得なくなったのである。

国に頼らぬ自主再建の道

小林新村長は村の財政状況の説明を聞き、初めて耳にした財政破綻の事実に言葉を失った。

しかし新村長は、直ちにその事実を村民に公表した。地区ごとに住民説明会を開催し、村の窮状を村民に知らせて協力を求めたのである。

そして、議会で議論を重ねた末に、国の管理下に入る財政再建団体ではなく、村債の発行ができなくなる自主再建の道をあえて選ぶことにした。

夕張市のように財政再建団体になれば、行政サービスは否応なく最低水準に落ちる。そうなれば工業用地や住宅用地も売れなくなり、村民の負担が増えることになる。苦しくても自主再建の道を選び、粘り強く土地を売っていったほうが良策だと判断したのである。

小林村長は福島県庁に日参し、県の財政支援を取り付けた。県から低利の融資を受け、負債の大部分を占めた農協からの高利の貸し付けの返済に充てたのである。

村は2000年度に「自主的財政再建計画」を策定し、人件費や各種補助金のカットといった歳出削減に乗り出した。借金ができないので単独事業は原則として行わず、ちょっとした道路の補修などは役場職員が対応することにした。

また、分譲地の販売促進による歳入確保にも全力をあげた。住宅用分譲地の販売価格を下げ、すでに買っていた人にはその差額を返金した。また、村の分譲地を購入して住宅を新築した人を対象とした「ゆったり通勤奨励金」を新設した。村内の対象となる分譲地から村外に電車通勤する場合、300万円を限度に補助金を交付する大胆な策だった。

泉崎村は、宣伝活動にも必死に取り組んだ。小林村長を先頭に、議員や職員、住民が東京の銀座で分譲地の宣伝ビラを配って歩いた。大型バスで村を案内する「現地無料招待会」などを開き、村長自らがそばを打って参加者をもてなしたりもした。

アイデアマンだった小林村長は、2007年に泉崎村から約200キロメートル離れた東京・銀座まで歩く「財政再建行脚」を行った。分譲地のPRを狙ってのことだ。翌2008年も2回目を実施し、12月27日に泉崎村の自宅を出発して大晦日にゴールの銀座に辿《たど》り着いた。

こうした村をあげての販売活動が評判を呼び、分譲地が売れ出した。負債の山は少しずつ小さくなっていった。

ところが、泉崎村は思いもしなかった悲劇に見舞われる。2009年9月、必死に財政再建に取り組んでいた小林村長が急死したのである。

「少数精鋭」役場の仕事ぶり

リーダーを突然、失うことになった村は再び大騒ぎとなった。急遽、村長選が行われることになり、2009年11月に久保木正大氏が新村長に就任した。

先に紹介したやり取りは、そのわずか3ヵ月後のことだった。

「以前から役場のスリム化が急務と考えていましたが、職員数を削る話ですので、どうしても職員に抵抗感や負担感があります。下條村は考えられないような数の職員で、実際に仕事をしっかりこなしています。どうやって仕事をこなしているのか、生で実態を見せてもらい、うちの職員に学ばせたいと考えていました」

こう語る泉崎村の久保木村長は、素早い行動力と粘りを発揮し、下條村から受け入れ承諾を引き出したのである。

久保木村長は、派遣する職員を40代の課長補佐クラスから自ら選び出し、業務命令で半年間ずつ送り込んだ。その第1号となる職員が下條村役場に単身でやってきたのは、2010年4月だった。

「最初はものすごく緊張しました。役場の廊下を歩いている時も体がふわふわしている感じがしました」

こう振り返るのは、この研修職員第1号となった泉崎村の星雅之さんだ。星さんは、少ない人数で仕事をしっかりこなす下條村役場の組織体制や配置、仕事の仕方などに着目した。職員一人ひとりが実によく働き、一人二役や三役をしていること。仕事をする上での横のつながりが強く、職員が各課をまたいで働いていることなど、星さんにとって驚きの連続だった。

また、下條村は4つの課（泉崎村は当時11課）しかなく、業務の割り振りと配置も独特だった。星さんは、それが住民サイドに立ってつくりあげられたものだと実感した。

星さんはいろいろな地域活動にも参加させてもらった。そこで目にしたのは地域のまとまりや結びつきの強さだった。

そして、飲み会の席で地元の人が漏らしたこんな言葉に、強い衝撃を受けたという。

「俺たちは自分たちが副村長になったつもりで村をよくしようとしているんだ」

険しい道のゴール

下條村研修の半年はあっという間に過ぎた。泉崎村に戻った星さんは、全職員の前で研修報告を行い、後任者にバトンタッチした。

泉崎村職員の下條村研修は、２０１４年９月末まで続いた。半年間の研修を体験した職員は９人に上った。

泉崎村は２０１３年10月25日、土地造成事業の失敗で抱えた巨額な負債の完済を果たすことができた。13年間に及ぶ自主再建の険しい道のゴールに、やっとのことで辿り着いたのである。

久保木村長は、「ようやく他所並みになりました。過去のつまずきを反省材料にして、健全財政を貫いていきたい」と語る。

歳出削減を続けてきた泉崎村は職員採用を抑え、新規採用は13年間でわずか３人。久保木村長の就任時（２００９年）に91人いた職員が、現在（２０１４年）は70人に減少している。村は少数精鋭路線を確立させるため、２０１４年４月に役場組織の大改革に踏み切った。11あった課を下條村と同じように４課に再編し、係長をなくしてグループ長に変えたのである。

職員が自分の課の仕事だけをするのではなく、職員全体で仕事に取り組む組織にしようというものだ。役場全体を下條村のような「働く公務員集団」に磨き上げようという、不退転の決意の表れである。

絶体絶命の危機に直面した場合、事態を打開するには必死に努力するしかない。歯を食いしばってひたすら頑張るのみである。そんな苦境の時ほどリーダーの良し悪しが鍵となる。陣頭に立ち、熱意をほとばしらせて取り組む人物を選び抜くことが重要だ。泉崎村は小林さんと久保木さんという2人のリーダーを選び、住民と職員が一丸となって行財政改革の努力を愚直なまでに重ねた。

逃げずに真摯に進めてきたことが、負の遺産との決別につながったといえる。問題は、状況が好転してからもその姿勢を貫けるかどうかではないか。

福島県泉崎村

◆「財政自律度」ベスト438位

◆「住民1人当たりの借金残高」ワースト650位

◆「税の納付率」ワースト172位

◆「自治体選挙における投票率」

村長選挙68・09％（2013年10月13日）ベスト447位
村会議員選挙79・43％（2011年9月18日）ベスト323位
◆「豊かさ度（財政力指数）」ベスト614位

地方の光となった図書館〜【「退路断ち切り型」ジリキノミクス】福島県矢祭町

「退路断ち切り型」として紹介するのは、国策の「平成の大合併」への不参加をいち早く表明し、単独自治体の道を選択した福島県矢祭町だ。

今、話題の公立図書館と言えば、民間株式会社（「TSUTAYA」を運営するカルチュア・コンビニエンス・クラブ株式会社）を指定管理者とした佐賀県武雄市の市立図書館であろう。公立図書館の概念を飛び越えた異色の存在で、図書館関係者の中には眉をひそめる人も多いが、顧客サービスに徹した運営姿勢は評価されている。

この武雄市立図書館に先んじて、別な意味で図書館業界から異端視されていた公立図書館があった。

2007年1月14日に開館した福島県矢祭町の「矢祭もったいない図書館」（和田昌造館長・町職員OB）だ。寄贈本だけで蔵書を揃え、さらに住民主体による運営を続けているユニークな手づくり図書館である。

2014年10月20日には「矢祭もったいない図書館」などが主催・共催する第6回「手づくり絵本コンクール」の最終選考審査が実施され、一般の部と家族の部あわせて12作品が最優秀賞や優秀賞などに選出された。

住民主体による図書館活動が今なお活発に展開されているのである。

全国でいち早く「合併しない宣言」

矢祭町は「平成の大合併」という国策から距離を置き、2001年10月に「市町村合併しない矢祭町宣言」をした小さな自治体だ。

全国でいち早く単独の道を選択した矢祭町の思い切った行動に国は仰天し、総務省の合併推進担当者がおっとり刀で町役場に駆け付け、説得にあたった。

しかし、総務省幹部と役場の会議室で直接対峙した根本良一町長（当時）は、一歩も引かなかった。「独立独歩による自立できる町づくりを推進する」と熱弁を振るい、総務省幹部を退散させたのである。

独立独歩の道を選んだ矢祭町は行財政改革を徹底させた。

議員定数を18から10に削減し、2008年から議員報酬を月額から日当3万円にし、町長など3役の報酬も総務課長に合わせた（月額52万3000円）。町職員に退職者があっても補充せず、人件費の削減を進めた。

その一方で、役場を365日開くなど行政サービスの水準を上げる努力も重ねていた。退路を自ら断ち、徹底した経費の削減と限られた財源を最大限に生かす創意工夫を凝らしていたのである。

その一つが、寄贈本による図書館整備という前代未聞の策だった。だが、それは、町にカネがないから寄贈に頼ったというだけではなかった。「金目の話」に留まるものではなかったのである。

世にも珍しい住民手づくり図書館

矢祭町は福島県の最南端、茨城県との県境に位置する町で、人口は約6200人。図書館はおろか町内に書店もなく、書籍を扱う店舗はコンビニエンスストアだけだった。2005年に行った町民アンケートで町立図書館の開設を希望する意見が多数寄せられるなど、図書館建設は町民の悲願となっていた。

しかし、町は行財政改革の真っ最中で、財源に余裕はなかった。老朽化した町の柔剣道場を約1億2000万円かけて改築し、そこを新たに図書館にすることまでは決まったが、肝心の蔵書の手当てが宙に浮いてしまった。

当時、町が持っていた本の数はわずか3000冊。そして、町がやり繰りして捻出した図書購入費はたった300万円だった。ハコモノを用意できても、中身までは手が回らなかったのである。

矢祭町の図書館担当職員は、どうしたらよいか思い悩む毎日を送っていた。

ちょうどそんな時「日本一のふるさとを創る会」という集まりが福島市内で予定され、当時の根本良一町長に講演の依頼が持ち込まれた。あいにく根本町長の都合がつかず、町の職員が代役を務めることになった。図書館建設を担当していた自立推進課の高信由美子グループ長である。

その集まりの中で、高信さんが寄贈本による図書館づくりの夢を吐露した。それを耳にした毎日新聞の記者が鋭く反応し、素早く記事にしたのである。これが矢祭町民の夢が現実のものとなる第一歩となった。

矢祭町の寄贈本による図書館構想は、あっという間に全国に発信されることになった。町は2006年7月、3万冊を目標に本の募集を正式に開始した。送料も寄贈者に負担してもらう条件付きだった。はたして本当に本が集まるものだろうかと、町民の誰もが不安視した。

ところが、矢祭町に驚きの奇跡が起きたのである。

段ボール箱が全国各地から次々に届き、町は本で溢れ返ることになった。日本中を仰天させたあの「合併しない宣言」以降、必死にまちづくりに取り組む矢祭町の姿勢に共感し、ファンになっていた人が全国各地にいたからだ。

毎日、山のように届けられる段ボール箱を一つひとつ開け、贈られた本を整理・分類する作業は、想像を絶する大事業となった。とにかく半端でない数の本が小さな町に寄せられたのだ。

住民ボランティアらが終日、本の山と格闘した。町の職員も３交代で作業にあたった。助役や町議もその輪に加わり、消防団やＰＴＡなども駆け付けた。本の整理と分類は、いつしか矢祭町民総がかりの一大事業となっていった。連日、町民がほこりまみれ、汗まみれとなる作業が続いた。

こうした町をあげての奮闘努力を経て、２００７年1月14日、「矢祭もったいない図書館」が開館した。全国各地から寄贈された本は約29万冊（当時）に上り、このうちの約３万６００0冊（当時）が貸し出し用となった。

「矢祭もったいない図書館」は、開館までの経緯のみならず、運営面もこれまでの公立図書館の常識を超えていた。住民ボランティアなどで組織する運営委員会（12名）が館の運営を担い、初代館長には住民ボランティアの齊藤守保さん（教員ＯＢ・故人）が就任した。

また、実際の図書館業務は有償ボランティア（時給５００円）が1日4人体制で行っている。このうち、図書館司書の資格を持つのは１人（開館当時）で、現在は３人（常勤は菊池麻衣さん）に増えている。これが世にも珍しい住民手づくりの図書館誕生の経緯だ。

本の寄贈はその後も止まらず、45万２２１５冊（２０１４年3月末現在）に上っている。寄贈者は全国各地に及び、町は開館後、新たに26万冊収蔵可能な開架書庫をつくり、貸し出し用の本を約7万冊に増やした。

矢祭町は、豊富な予算や民間事業者の知恵やノウハウに依存せず、全国からの善意と住民らの創意工夫と努力により、自分たちの図書館をつくり上げたのである。開館当初、今は亡き齊藤館長は本の寄贈者一人ひとりに、礼状のみならず、年賀状や図書館に関する記事のコピーなどをこまめに送っていた。

また、図書館内には、本の寄贈者名を都道府県ごとに記したプレートを設置した。名前を記された人は４２８１名に上った。矢祭町に本を贈った人の中には、若くして亡くなった我が子の蔵書をその子の名前で贈ったというケースもあった。遠方から「矢祭もったいない図書館」を訪ねてきた親御さんが、プレートに刻まれた我が子の名を見つけ、涙するという場面もあったという。

冷ややかだった専門家も認めた

こんな温もりいっぱいの「矢祭もったいない図書館」だが、当初は専門家から厳しい視線が注がれた。図書費をかけないことや専門職の司書を職員として配置していないことなどが、批判の的となった。

なかには「こんなでたらめな図書館は図書館として認められない」と、大変な剣幕で言い放った図書館の専門家もいた。

「蔵書構成を司書が差配して最適なコレクションをつくらなければ、図書館の名に値しない」と蔑《さげす》まれたのである。

しかし、寄せられた本は45万冊という途方もない量である。図書館分類の全項目に及ぶ書籍がズラリと揃い、児童書や辞典類も豊富だった。「どんなものか」とわざわざ探りに来た専門家たちが驚くほどの充実ぶりだった。

図書館開設の手法の独自性と実効性などが次第に評価されるようになり、「矢祭もったいない図書館」は、先進的な活動をしている図書館に贈られる「ライブラリー・オブ・ザ・イヤー」の2007年度優秀賞に選ばれたのである。

「子ども司書制度」で心の教育

ところで、図書館開設に情熱を傾けた矢祭町の人たちは、せっかくつくった図書館が単なる本の貸出機関で終わってしまってはいけないと思っていた。なかでも、その後、矢祭町の教育長になっていた高信由美子さんは、「本を通しての子どもの教育を」と、新たな夢を抱いていた。

そんな時だった。高信さんのもとにある人物から電話が入った。「朝の読書」運動に取り組んでいる矢祭町出身の佐川二亮《つぐすけ》さんだった。

「文部科学省の企画競争公募に『子ども読書の街』づくり推進事業というのがあるので、子どもが中心になる企画をつくって応募してみたら」というアドバイスだった。

高信さんはかねてから「図書館に司書が必要なら、子どもがなってもいいじゃないか」「夏休みの推奨図書を子どもたちが選んでもいいじゃないか」などと考えていた。こうした思いが佐川さんのアドバイスに触発されて「子ども司書制度」の発案につながり、応募した企画が文部科学省に認められて２００９年から全国初の制度としてスタートした。

「子ども司書制度」は、小学４年生から６年生を対象に、６ヵ月間に15の講座を受けて「子ども司書」の認定を受けるというものだ。「本の分類」「貸し出しと返却」「本の紹介カードづくり」、さらには「読み語り」や「お話会の本の選び方」などを学び、図書館での実習を経て晴れて修了となる。

こうして矢祭町で生まれた「子ども司書制度」は、全国の自治体や図書館にも広がりはじめている。現在、「子ども司書推進プロジェクト」の代表を務める高信さんは、「子ども司書を通して心の教育ができれば、こんなうれしいことはありません」と語る。

「矢祭もったいない図書館」は、公共サービスと住民の新たなあり方を示唆している。公共サービスは行政のみが提供するものでもなければ、住民は常に公共サービスの受け手でいなければならないというわけでもない。

また、税金を使わねば公共サービスは提供できないというものでもない。住民が公共サービスの提供と享受を同時に行うことも可能なのである。「矢祭もったいない図書館」はまさにそれを実証するものだ。

税金を払っているからといって、行政に「あれしろ！　これしろ！」と要求する住民ばかりでは、地域活性化などとてもおぼつかないだろう。

福島県矢祭町

◆「財政自律度」ベスト156位

◆「住民1人当たりの借金残高」ワースト684位

◆「税の納付率」ワースト260位

◆「自治体選挙における投票率」

町長選挙87・23％（2014年4月24日）ベスト61位

町会議員選挙87・56％（2012年3月25日）ベスト95位

◆「豊かさ度（財政力指数）」ワースト507位

自治体が抱える時限爆弾～【「伝統・風土型」ジリキノミクス】神奈川県秦野市

3つ目の「伝統・風土型」の一例は、神奈川県秦野市だ。神奈川県西部に位置する秦野市は、人口約17万人。山に囲まれた盆地で良質な水に恵まれているが、これといった特徴のないごく普通の地方都市である。

そんな秦野市が現在、全国の自治体関係者の注目の的となっている。

「公共施設更新問題」にいち早く取り組み、着実に成果（公民連携によるサービスの維持）をあげているからだ。全国各地からの行政視察が急増し、「秦野詣《もう》で」状態となっている。

全国の自治体が今、巨大な「時限爆弾」を抱え込んでいる。爆発までのタイムリミットは自治体によって異なるが、いずれも各自治体の財政を粉々にするほどの破壊力を持つ。自治体関係者はその存在に気付いているが、自治体として爆弾処理に取りかかっているところは極めて少ない。処理の過程で「別なもの」が炸裂することを恐れ、躊躇《ちゅうちょ》しているのである。

「時限爆弾」とは、いったい何か？　それは「公共施設更新問題」である。

笹子トンネル事故（２０１２年）以来、トンネルや橋、道路などのインフラの老朽化が大きな社会問題となったが、朽ちはじめているのは、公共施設も同様だ。

学校や庁舎、公民館、図書館、文化会館、体育館、高齢者施設といった各種のハコモノは、高度経済成長期に集中的に整備された。全国の自治体はまるで競い合うかのようにハコモノ整備に奔走した。

住民も行政に「あれもこれも」「ここにも、あそこにも」と要求を重ねてきた。縦割り行政が施設の多機能活用を認めないという硬直性も加わり、各自治体はハコモノをフルセットで揃えるようになった。必要度や適正規模などを吟味することなく、ひたすらハコモノの規模や数量、豪華さを追い求めていった。

ハコモノ建設の主な原資は、国からの補助金や交付税で、「国からカネが出るなら、つくらなければ損だ」といった考え方が広がり、必要性の乏しいものもつくられるようになった。それらが今、一斉に老朽化しはじめたのである。

秦野市は2008年4月に、公共施設の更新問題に対応する専任組織を立ち上げた。古谷義幸市長のリーダーシップによるもので、まず公共施設の全体像を明らかにする「白書」の作成に取りかかった。すべての施設の現状と課題に関するデータを集め、分析したのである。

その結果、2018年までには70%以上の建物が築30年以上となり、維持補修や更新費用の増大が見込まれた。その一方で総人口は減少し、高齢化率が上昇する。税収ダウンが見込まれ、公共施設を現在の姿のままで維持し続けると、市債残高が2倍に膨れ上がると試算された。

今後の市政運営に大きな負担となり、真に必要となる行政サービスにまで悪影響を及ぼしかねないと考えられた。

もっとも、秦野市が今まで放漫な財政運営を行ってきたわけではない。「財政力指数」は「0・90」で、実質公債費比率は4・7%（いずれも2012年度、全国平均9・2%）と健全財政である。市民1人当たりのハコモノ面積も全国平均を下回っていた。

ハコモノメタボを筋肉質に改善

目の前に迫りくる危機にどう対応するか。秦野市は当初、施設の長寿命化を図ることを検討した。しかし、長寿命化しても維持費などにカネはかかる。結局、先送りに過ぎないと判断し、別の対策を採用することになった。

それが、施設面積の総量を削減する「施設の再配置」だ。施設のメタボを筋肉質に改善することこそが、重要だと考えたのである。

秦野市は維持管理費や施設更新費、施設面積などから削減目標数値を独自に算出し、40年かけて施設総面積を約31％減らす方針を立てた。つまり、ハコモノ総量の削減である。人口減少のなかで総量を維持すると、住民1人当たり施設面積は増加することになるからだ。

秦野市はさらに、4つの基本方針を打ち出した。

1つ目は、新規のハコモノは原則として建設しない。建設する場合は、更新予定施設の更新を同じ面積分だけとりやめる。

2つ目に、現在あるハコモノの更新は、できる限り機能を維持する方策を講じながら、優先順位を付けて圧縮する。

3つ目は、優先度の低いハコモノは統廃合の対象とし、跡地を賃貸に出したり売却したりすることによって得た資金を、優先する施設整備の費用に充てる。

4つ目は、ハコモノを一元的にマネージメントするというものだ。

施設の再配置とは、施設の統廃合を意味するが、従来のハコモノの機能を維持することを最優先しており、施設の多機能化や複合化、さらには公民連携での手立てを講じる。ハコモノの維持ではなく、ハコモノの機能の維持を追求するもので、一律にコストカットする類ではない。

秦野市が真正面から取り組んでいる公共施設更新問題は、秦野市だけが抱えている課題ではなく、全国の自治体が例外なく直面しているものだ。


現状と未来をしっかり見据え、住民が聞きたくないような辛い話も率直に語る首長や議員、職員がどれほどいるかで、自治体の行く末は決まる。

目の前の住民だけではなく、将来の住民のことも視野に入れた施策をとるのが、本当の自治であるからだ。

住民にとって不都合な情報もつまびらかにし、いち早く問題解決に取り組む政治家を選ぶことがポイントとなる。問題を先送りする自治体は間違いなく、早晩山積する課題で立ち往生することになる。

甘い言葉を調子よく並べるような人物に選挙で票を入れてはならない。

神奈川県秦野市

◆「財政自律度」ベスト591位
◆「住民1人当たりの借金残高」ベスト102位
◆「税の納付率」ワースト419位
◆「自治体選挙における投票率」
　市長選挙39・62％（2014年1月19日）ワースト126位
　市会議員選挙43・84％（2011年8月28日）ワースト70位
◆「豊かさ度（財政力指数）」ベスト151位

地域資源を活かしきる～【「先人の教え遵守型」ジリキスト】島根県雲南市

Aタイプの「先人の教え遵守型」として島根県雲南市の「株式会社吉田ふるさと村」を紹介したい。

ここは、30年ほど前に設立された第三セクター（三セク）だ。第三セクターとは、国や地方公共団体（第一セクター）と民間事業者（第二セクター）が共同出資して設立する事業体、法人である。

この三セクが開発した卵かけご飯専用の醤油「おたまはん」は、今や全国的に知られる人気商品となっている。「おたまはん」の登場により、全国に卵かけご飯ブームが巻き起こり、その勢いは今なお衰えていない。ブームに飛び乗ったのではなく、自らがブームを生み出して牽《けん》引《いん》しているので、持続性がある。


雲南市は2004年に大東町や掛合町、吉田村など5町1村が合併して誕生した。人口は約4万1000人。「株式会社吉田ふるさと村」は、合併前の旧吉田村が1985年に設立した。山に囲まれた旧吉田村は、地場産業である製炭業の衰退により過疎化が進行した。人口はピーク時の半分以下となり、2000人ほどになっていた。村の将来に危機感を抱いた商工会のメンバーが、地元資源を活用する事業の創設に立ち上がった。

村で燃料や新聞を販売する藤原俊男さんが、その中心人物だった。藤原さんらは、村に三セクの設立を持ちかけた。「雇用の創出」と「産業の創出」により、村の活性化を図りたいという考えだった。三セクの設立には、村の出資を認める議会の議決が必要なため、藤原さんらは設立趣意書を手に村内を歩き回った。

一軒一軒訪ねては、「自分たちの村は自分たちで守ろう」と、三セク設立への協力と出資を仰いで回ったのである。商工会のメンバーだけでなく、全村民が加わる三セクにしたいと考えていたからだ。

こうした努力の末に、民間主導の第三セクター「株式会社吉田ふるさと村」が誕生した。出資する村民は１００名を超え、農協や森林組合も出資し、地域の農商工業者と行政が大同団結する異色の三セクとなった。

旧吉田村は以前、工場誘致に成功したことがあった。従業員１００人ほどの工場で、村民の誰もが「これで村は安泰だ」と大喜びした。ところが、短期間で工場が撤退するという厳しい現実に見舞われてしまった。そんな痛恨の記憶を村民が共有していたことも大きかった。

地域を守り育てていく使命

吉田ふるさと村は役場の一角を無料で借り、常勤職員３名でスタートした。一方、行政は「赤字補填はしない」との方針を宣言した。以来、約30年が経過。吉田ふるさと村の年間売り上げは約４億円にのぼり、従業員69人（うち20人がパート）の地域を代表する企業に成長した。地元に雇用を創出し、産業を振興させる成果を着実にあげているのである。

吉田ふるさと村の高岡裕司社長は、「地域資源を活用する事業を規模は小さくてもよいから自分たちで起こし、地元に根を張って継続させることが重要です」と語る。高岡社長は会社設立時からの生え抜きで、2012年に藤原さんらに続く6代目の社長に就任した。

吉田ふるさと村は当初から、多角経営路線を歩んだ。主力は、地元の農産品を原料とする食品加工である。地元農家と契約し、特別に栽培されたコメや野菜などを使い、食品添加物を加えないみそや焼き肉のたれ、醬油などを製造販売している。

オリジナル商品の開発に力を入れ、2002年に「おたまはん」が生まれた。社員の発案からはじまり、数百回に及ぶ試食を経て完成した「おたまはん」は、卵かけご飯ブームを巻き起こした。この「おたまはん」のヒットをきっかけに、吉田ふるさと村は2005年から「日本たまごかけごはんシンポジウム」を雲南市で開催している。

シンポジウムは毎年秋に開催され、年々参加する地域や団体が増え、今や全国的な大イベントに成長している。

吉田ふるさと村はその後も、スパイス系の新商品やきねつき餅をスライスした「スープもち」や「しゃぶしゃぶもち」など、オリジナル新商品を次々と市場に送り出している。「おたまはんを超えるものを生み出すのはなかなかむずかしい」(高岡社長)と言うが、最近はトウガラシの粉末を入れたソフトクリームなどが人気を集めている。

地域活性化をミッションとして設立された吉田ふるさと村は、地域課題を解決して地域に貢献する役割も担った。スタート時から村営バス(その後、雲南市民バス)の運行を受託し、地域の足を守っている。

また、地域に水道事業者がいなかったため、水道事業を手がけるようにもなった。国民宿舎・清嵐荘の管理運営も受託している。いずれも大きな利益が出る部門ではないが、地域を守り育てていくという使命があるからこその多角経営だ。

自力で開発するオリジナル商品

ところで、旧吉田村は、日本古来の製鉄法である「たたら製鉄」で栄えた地域だった。当時を偲ばせる遺跡や土蔵群が点在するなど、周辺にたたら文化が色濃く残っていた。近隣にはヤマタノオロチの伝承地などもあり、豊かな自然と歴史、文化、風土に包まれていた。

しかし、地元でそうした資源に着目する人はいなかった。工場視察やシンポジウムなどで旧吉田村を訪れた人たちから逆に地域のよさを指摘され、高岡社長は「商品を売るだけではなく、この地域のすばらしさを紹介することも我々の仕事ではないか」と考えるようになった。

こうして吉田ふるさと村は、２００９年に新たに観光部門を設置し、社員も新規採用した。あまり活用されずにいた地元の観光資源に光をあて、交流人口の拡大を目指そうという戦略である。すでに「たたら体験ツアー」や「ヤマタノオロチ伝承バスツアー」などを企画・実施し、観光客を呼び込んでいる。

追い風となっているのが、中国横断自動車道尾道松江線の吉田掛合IC〜三次東ジャンクション・IC間の開通だ。松江市と尾道市が高速道路で結ばれ、雲南市はその沿線となった。2013年3月には吉田に道の駅「たたらば壱番地」がオープンし、にぎわいが生まれている。

高岡社長は「今は第2の創業期です。厳しい時代で、積極的に仕掛けてもなかなか結果に結びつきませんが、ここは辛抱して頑張ります」と語る。「自分たちの村は自分たちで守る」との思いから生まれた吉田ふるさと村が、農商工行政の連携を呼び込み、地域活性化に結びついていた。

そうした取り組みが現在、雲南市全域に広がりつつある。雲南市に農商工連携協議会が組織され、地域資源を生かしたさまざまなプロジェクトが進行しているのである。

一時期ブームとなった第三セクターのほとんどが失敗に終わっているだけに、「吉田ふるさと村」の健闘ぶりは特筆に値する。

なぜ、うまくいっているのか。いくつかの要因が考えられる。

地域の農林商工業者が大同団結して設立されたこともあって、当初から多角経営の道を選択したこと。あらゆる地域資源に着目し、その活用に知恵を絞ってオリジナル商品を生み出してきたこと。それに地元からの情報発信と地域内の連携に力を入れたことなどが要因だ。

また、設立時に行政が「赤字補塡はしない」と宣言したことも大きい。

税金による支援を当てにする甘えの意識が少しでもあったら、こうはいかなかっただろう。

「クラゲで世界一」〜【「ひらめき・目から鱗型」ジリキスト①】山形県鶴岡市

Bタイプの「ひらめき・目から鱗型」の一つが、クラゲの展示で世界的に知られるようになった山形県鶴岡市の加茂水族館だ。

ここは、51種類ものクラゲを展示し、ギネス世界記録にも認定された「世界一のクラゲ水族館」である。ノーベル化学賞を受賞した下村脩氏が２０１０年に一日館長を務める（２０１４年より名誉館長に就任）など、小さいながらも話題豊富で見どころ満載の水族館だ。

新館建設のため２０１３年12月から休館となっていた加茂水族館は、２０１４年６月１日に「クラゲドリーム館」としてリニューアルオープンした。旧水族館の約２・２倍の広さとなり、展示内容はより充実した。なかでも圧巻なのが、直径５メートル（可視部分）の大水槽「クラゲドリームシアター」だ。２０００匹ものミズクラゲが悠然と浮遊する光景を目の当たりにすると、誰もが歓声を上げ、魅せられてしまう。

おかげでリニューアル後の加茂水族館は入館者で連日、大賑わいとなっている。そんな加茂水族館もかつては「落ちこぼれ水族館」というレッテルを貼られていた。年間入館者数が全盛期の20万人台を大きく割り込み、9万人台にまで低迷していた時代である。

現在の加茂水族館のすばらしさは、展示されているクラゲだけではない。やや大仰に言えば、この水族館には今の日本社会が学び、お手本とすべきものがある。1967年から館長を務める村上龍男氏や奥泉和也副館長を中心とするスタッフの存在である。

加茂水族館の開設は古く、1930年。以来、85年もの長きに亘《わた》るその歴史は苦難の連続であった。

山形県加茂町（当時）の有志によって設立された民間の水族館としてスタートした。1955年に加茂町が鶴岡市と合併したため、鶴岡市立加茂水族館となった。1964年に現在の場所に新築移転され、20万人を超す入館者が集まる人気スポットとなった。

一方、東京・原宿生まれの村上さんは山形大学農学部を卒業後、民間会社を経て1966年に鶴岡市立加茂水族館に勤務するようになった。恩師に勧められ、新装オープンしたばかりの水族館に職員として入ったのである。村上さんの波乱万丈の人生は、ここからはじまった。

翌1967年に鶴岡市は加茂水族館を民間会社に売却し、手を引くことになった。事情もよくわからぬまま職員は転籍となり、27歳の村上さんがいきなり館長に任命された。

環境の激変に戸惑う村上さんらに、さらなる試練が押し寄せた。売却から４年後の１９７１年、民間会社の経営不振から水族館は閉館されることになってしまったのだ。残された職員４人（村上館長以外の３人はすでに故人）は水族館に泊まり込み、魚や動物の世話に奔走することになった。

困窮ぶりを知った地元の人たちから募金や餌などが寄せられ、村上さんたちは必死に耐え忍んだ。先の見えない暗闇の日々が続いた。翌１９７２年に地元出身者が経営する会社が新たなオーナーとなり、水族館はどうにか再出発することになった。

不名誉な称号「落ちこぼれ水族館」

一度地獄の底に叩き落とされた村上さんらは、入館者を増やそうとそれこそ必死になった。さまざまな集客策を懸命に打ち出したのである。

当時の加茂水族館が起死回生を願って繰り出した策とは何か。

まずはアライグマやアシカ、ハナグマやコツメカワウソ、ラッコの導入などだ。その時々に話題となった生き物を遮二無二《しゃにむに》集めたのである。また、「世界のナマズ展」や「アフリカの魚展」「シーラカンスと古代魚展」などといった特別展も開催した。

しかし、周辺に公立の大型水族館が次々にオープンしたこともあって、成果をあげるには至らなかった。来館者数は低迷し、とうとう「落ちこぼれ水族館」という不名誉な称号までつけられてしまったのである。

村上館長は「よその水族館がやったことの後追いばかりで、マネでしかなかった。こちらはカネもなく、規模も小さく、内容も個性もない水族館だった。本当にみじめだった」と当時を振り返る。

水族館の職員の給与は据え置かれたままで、老朽化した施設の改修や補修もできない状況が続いた。縁切りされた鶴岡市から補助金などの援助は一切なかった。2度目の閉館の危機が刻々と迫りつつあった。水族館の誰もが、もはや起死回生はないと諦《あきら》めていた。

瀕死の加茂水族館は1997年、「最後の悪あがき」（村上館長）を試みることにした。当時、流行っていたサンゴの企画展「サンゴと珊瑚礁にすむ魚たち」である。2つの小さな水槽で、半ばやけっぱち気味の勝負に打って出たのだ。

結果はやはり散々なものだった。この年の入館者数はわずか9万2000人に終わり、過去最低を記録してしまった。

オセロゲームのような大逆転劇

これで万事休すとなるはずだったが、世の中はわからないものだ。

企画展の準備をしていた飼育員が、サンゴの水槽から小さな生き物が泳ぎ出すのを偶然、見つけたのだ。奥泉副館長である。「これは何だ」となり、サカサクラゲの赤ちゃんだということが判明した。サンゴにくっついていたものが繁殖したのである。餌をやったところ、５００円玉くらいの大きさに成長した。

それらを展示してみたところ、お客さんは大喜び。水槽を見つめる笑顔に初めて手ごたえを実感し、「これだ！」となった。どん底からの大逆転劇のはじまりである。

村上館長は「真っ暗闇の中で座して死を待っていた。クラゲが現れなかったら、終わりだった。神様がクラゲに変わって現れたように思えた」と、しみじみ語る。

だが、クラゲに特化した水族館をつくり上げるまでの道のりも平坦ではなかった。クラゲの飼育と展示は簡単だと勘違いしていたことを、すぐに思い知らされたのだ。

動かないサカサクラゲはたやすかったが、他のクラゲは飼育がとにかく難しかった。しかも、クラゲは寿命が短いので繁殖させないと展示が続かない。その飼育と繁殖の方法がわからず、お手本となるものもなかった。そして、カネも。

つまり、自力で工夫を重ね、自ら答えを導き出すしか他に手はなかったのである。手を差し伸べてくれる人は誰もおらず、自分たちで考えて道を切り開くしかなかった。

奥泉副館長が試行錯誤を重ね、独自のクラゲ水槽などを開発し、クラゲの飼育と繁殖方法を確立させていった。閉館寸前のボロボロの小さな水族館であったことも、逆に、幸いした。半ば見捨てられた施設だったので、現場を預かる村上館長に全権が与えられていた。クラゲ用に施設を変えても文句を言う人はいなかった。

「クラゲに出会って仕事の楽しさを初めて知りました。それまでのすべての負けがオセロゲームのようにいっぺんに変わりました」（村上館長）

加茂水族館は2000年にクラゲの展示数で日本一となり、入館者数も右肩上がりに増えていった。また、村上館長の提案で生のクラゲを食べるイベントを開くなど、全国的な話題を集める水族館となった。

村上館長は「相手が大笑いするようなアイデアでないと成功しないとわかった。それからはバカくさいことも平気でやれるようになった」と語る。クラゲ関連の商品（クラゲアイスにクラゲラーメンなど）も次々に開発し、水族館は黒字経営となった。

ギリギリまで追い詰められた水族館が、それまで脇役でしかなかったクラゲを主役にし、地域全体を活性化させる施設に自らを変貌させたのである。

こうしたV字回復が評判となったためだろうか、加茂水族館は2002年に鶴岡市に買い戻され、35年ぶりに「鶴岡市立加茂水族館」となった。その後もクラゲ水族館の快進撃は続き、

2005年にクラゲ展示種類数世界一になり、翌年にはクラゲレストランがオープン。市からの補助金なしの健全経営を維持している。世界一のクラゲ水族館に育て上げた最大の功労者、村上館長は2014年度末で勇退する。

諦めずに頑張り続けていれば、いつか奇跡のようなことが起こる。加茂水族館の過去を知り、そう思った人も多いだろう。

確かに諦めていたら今のクラゲ水族館は存在しない。だが、あの時の偶然を偶然に終わらせなかったからこそ、奇跡は起きたのである。

「これだ！」というひらめきとその後の創意工夫が偶然を奇跡につなげたのである。

厳しい状況下にあっても決して諦めず、感性を研ぎ澄ませて地道に仕事をすることこそ肝要なのではないか。

住民主導バス路線開設～【「ひらめき・目から鱗型」ジリキスト②】千葉県印西市

Bタイプ「ひらめき・目から鱗型」のもう一つは、千葉県印西《いんざい》市の千葉ニュータウンの住民たちだ。こちらは、外部有識者のアドバイスをきっかけにジリキへの道を走り出した珍しいケースだ。

千葉ニュータウン中央駅と新鎌ケ谷駅間を結ぶ路線バス「生活バスちばにう」が、2014年6月9日から運行をはじめた。平日は46便、祝日は19便が両駅間をノンストップで走る。運賃は300円で、並行して走る北総鉄道（560円）の半額ほどである。

この「生活バスちばにう」は、鉄道運賃の高さに泣かされ続けてきた千葉ニュータウンの住民らが、行政や補助金に頼らずに路線の開設を実現させたものだ。

千葉ニュータウンは、公共交通網に難点を抱えていた。都心との間を結ぶ公共交通機関が北総鉄道のみで、しかも全国指折りの高運賃ときていた。地域を走る路線バスは北総線各駅への連絡線にすぎなかった。

車を持たない住民は高運賃の北総鉄道を利用する他なく、気軽に移動できない状況を強いられた。さらに通勤や通学の定期代は目の玉が飛び出るほど高く、「財布なくしても定期なくすな」が住民間の合い言葉となるほどだった。

このため、運賃値下げを求める住民運動が活発に展開されるようになり、訴訟も提起された。それでも問題を解決することにはつながらず、高齢化の進展もあって交通弱者の対象範囲がどんどん拡大していった。

また、高額交通費に耐えかねて都心に転居するケースも珍しくなくなり、不便さが街の活力を大きく損なう事態となっていた。

利用者本位のバス事業

途方に暮れていた住民グループに「バスを走らせてみたらどうか」という提案がもたらされたのは、2013年初めのことだった。アドバイスしたのは、公共交通に精通する交通権学会の前田善弘さん（福岡市在住）と、湘北短期大学の大塚良治准教授。

「安くて手軽な移動手段となる新たな公共交通を、地域住民の手によって創り出してみては」という提言である。

「目から鱗」のアドバイスを受けた住民グループは、2013年10月、ニュータウン内でバスを実際に走らせる社会実験を行うことにした。協力することになったのが、地元の独立系観光バス会社、鎌ケ谷観光バスだ。

「当初、自分たちはボランティアだと思っていましたが、今はそうではありません。地域が繁栄しないと会社の繁栄もあり得ません。地域が元気になれば、会社も元気になります。ですから、これ（生活バスちばにう）はボランティアではなく、事業です」

こう語るのは、鎌ケ谷観光バスの徳永昌子専務。

住民グループは社会実験で、バス運行への強いニーズを感じ取った。住民主導によるバス路線開設への道筋を立てたが、その後2つの方針転換を行った。

1つは、当初予定していた「貸切バス」から通常の「乗合バス」への転換だ。貸切バスによる「路線バス類似行為」は規制されているからだ。それに伴い「住民主導」でのバスの運行ではなく、「信頼できる民間事業者との協働」によるバスの運行に転換することになった。国土交通省関東運輸局の真摯な対応が、結果的に大きな力になったという。

住民グループのパートナーとなる民間事業者は他でもない、鎌ケ谷観光バスだ。ここが「生活バスちばにう」を運行することになり、住民グループは「生活バスちばにう友の会」（武藤弘代表）を結成し、広報活動などでサポートする側に回ることになった。

その「友の会」の設立総会が、２０１４年4月27日に開かれた。挨拶に立った武藤代表は、「行政の支援に頼らずにやっていきます。確かに補助金をもらうと楽ですが、その反面、いろいろな規制を受けて利用者本位のバス事業ができなくなってしまう恐れも出てきます」と口にした。

そして、「できるだけ『規制』や既存の事業者本位の『しきたり』や『しがらみ』から自由に、住民（利用者）本位のバス事業を組み立てていきます。地域のニーズを的確に把握し、安定的な事業運営に必要な利用者数を確保するべく、市場開拓に協力することが（友の会の）任務となります」と、バス事業を軌道に乗せることへの強い決意を語った。

設立総会では「生活バスちばにう」のブレーンの１人、前田善弘さんの記念講演も行われた。前田さんは「交通とは人が交わり、心を通わすことです。『生活バスちばにう』は、そうした交通本来の役割を取り戻すための試みと言えるのではないでしょうか」と語り、「これまで外出を控えていた人たちの需要を呼び、往来を活発にしていく可能性を持っています」とバス路線開設の意義を改めて訴えた。

運行開始から「生活バスちばにう」の乗車人数は順調に伸びており、１便当たりの乗車人数は当初の５・３人から７人台に推移し、目標ラインの８・７人に近づきつつある。

日本の住民運動は行政に陳情したり、クレームをつけたり、抗議するだけのものが多い。「なんとかしろ！」と声を上げ、「けしからん！」と怒りをぶつけるが、自分たちで地域の課題解決に動き出すというケースはきわめて少ない。

その点で「生活バスちばにう」の活動は稀有《けう》なものと言える。地域課題の解決策を住民自らが編み出し、それを実行に移しているからだ。暮らしやすい地域づくりを住民自らが主導しているのである。

ではなぜ、住民主導でバス路線を開設といった画期的なことができたのか。

着目すべきは、異色な組み合わせによる取り組みである点だ。

地域住民と外部の専門家、それに地域の事業者がうまく連携し、柔軟な発想で地域課題の解決に動いた。アンテナを高く張り巡らせていた住民がブレーンや事業者を見つけ出し、行政の発想では生み出しえない施策の実行に漕ぎ着けたのである。

動きの鈍い行政の尻を叩くだけではなく、自ら行動に出ることがよりよい結果を生み出す場合もある。

シャッター商店街の起死回生策～【「試行錯誤型」ジリキスト】愛知県岡崎市

試行錯誤を重ねてジリキの道に辿り着いたCタイプとして、愛知県岡崎市の商店主たちの活動を見てみよう。

失敗を繰り返しながら諦めず、ジリキで立ちはだかる壁を乗り越える策を見出した人たちだ。

シャッター商店街を見て仰天する人は、もはやいないだろう。地方都市ではごくありふれた光景の一つとなっており、珍しいものでもなんでもない。

色つき舗道にきれいなアーケード、オブジェが点在するこじゃれた商店街に人影なしといったケースさえ増えている。目につくのはパチンコ屋とコンビニ、それに通りに張り出されたイベント告知のポスターだけというのもよくあるケースだ。

郊外の大型商業施設に客を奪われ、インターネット販売にも蚕食《さんしょく》されている。店主の高齢化も進み、商店街そのものが消えかねない事態となっている。

もちろん、どの商店街も腕をこまねいていたわけではなく、その逆である。いずこも手を替え品を替え、さまざまな活性化策に取り組んできていたが、成果なく今に至っているのが実情だ。新たな取り組みを行うたびに、商店街に漂う疲労感と諦めムードがかえって増すというのがほとんどだ。

だが、賑わいや活力を呼び戻している商店街がないわけではない。それも大都会ではなく、地方都市の商店街においてである。

２０１４年３月のとある土曜日、滋賀県大津市の駅前商店街で活性化のセミナーが開かれた。

セミナーの講師は、岡崎市の松井洋一郎さん（当時45歳）。岡崎の中心市街地「康生通り」で化粧品店を営む松井さんは、「岡崎まちゼミの会」代表や経済産業省のタウンプロデューサーなどを務める。後述する「まちゼミ」の伝道師として全国的に知られている人物だ。

松井さんは、集まった20人ほどの商店主に向かって語りはじめた。中身が濃く、刺激的で面白く、しかも実践的な話ばかりだった。会場内の誰もが話に夢中になり、2時間があっという間に過ぎた。

セミナー終了後、席を立つ商店主らの表情は開始前とは一変し、まるで別人のようになっていた。誰もが松井さんの話に、そして松井さんその人に魅了された風だった。

豊富な専門知識とおもてなしの心

松井さんは岡崎に1990年(22歳の時)にUターンした化粧品店の4代目だ。

まちの商店街はその頃、すでにかつての勢いを失っていた。800を数えた店舗数は3分の1に減少し、商店街を訪れる人の数も10分の1になっていた。郊外のショッピングセンターに顧客は流れ、街中にあった大型商業施設さえ撤退した。

松井さんは「商店街を何とかしなければ」と思い、若い仲間とともに駆けずり回った。さまざまなイベントを企画し、視察や勉強会、講演会などにも力を入れた。その甲斐あってか、イベントを開けば街は賑わった。

だが、賑わいもその時だけだった。普段の買い物客の流れは変わらず、個々の店の売り上げは減る一方。将来への展望が霞《かす》むばかりで追いつめられていた松井さんらは、商店街のマップを自分たちでつくることにした。起死回生を目指しての取り組みだった。

悲壮感を漂わせた若い店主たちが連日のように集まり、侃々諤々《かんかんがくがく》の議論を繰り広げた。しかし、アルバイトのため夜の会合に参加できなくなった人や廃業する人、一人また一人と仲間が減っていった。

一方で、会合はいつしか、互いの本音をぶつけ合う場となっていった。「お前のところは店（の売り上げ）で食えているか」「お前のところはこれからも店で食っていくつもりか」「子どもに店をやらせたいと思っているのか」といった、これまで誰も口にしなかった（できなかった）問いをぶつけ合ったのである。

そして、「自分たちの店の売り上げ増につながらないような事業はもうできないし、やらない」、つまり、「商店街の賑わいを増やすのではなく、来店者を増やす取り組みが必要だ」ということで一致した。「個店の活性化なくして商店街の活性化はあり得ない」という、言わば自明の理に辿り着いたのである。

当時、商店街の活性化を担当していた岡崎商工会議所の女性職員が「まちのお店って、どうも入りにくいけど、入ってみると経験豊富で素敵な店主さんがいらっしゃる。店の中で文化教室のようなことができないかしら」と提案してきた。

これが「まちゼミ」誕生のきっかけとなった。

松井さんらは「個々の店の来店者を増やすにはどうしたらよいか」と思案を重ねた。郊外の大型店舗やインターネット販売に負けない街の専門店の強みとは何か？　品揃えか価格か立地か？　それとも商品の差別化か？

自問自答する松井さんの脳裏に浮かんできたのは、現在も店頭で対面販売を続ける母親の姿だった。長年の接客で培った豊富な専門知識とおもてなしの心は、インターネットやマニュアルに負けるはずがない。そして、岡崎の街には母親のような商店主がまだまだたくさんいる。

「そうした商店主の存在を、まずはお客さんに知ってもらい、店の存在や特徴も知っていただこう」と考えるようになったのである。

「三方よし」の発想

こうして2002年1月に、岡崎市の康生商店街で「まちゼミ」が産声をあげた。

仕組みはこうだ。各商店（店主や店員）が講師となり、専門知識を受講生（お客）に無料で講義する。少人数（2人から10人程度）のゼミナール方式で行い、講座内容はもちろん、タイトルや段取りなどすべて参加商店が決める。

受講は予約制を採用し、期間は1ヵ月半程度。年2回程度行う。ゼミ中に商品の販売はせず、ファンづくりに徹する。また、反省会や報告会を必ず実施し、改善・改良を重ねる。つまり、仕組みのブラッシュアップを常に意識したのである。

「まちゼミ」は、お客さんと店主がコミュニケーションを図ることで、信頼関係を築くことを狙っている。「その上でお店のファンになってもらい、店の固定客になってもらえれば」という地道な取り組みで、底流にあるのは「買い手よし、売り手よし、世間よし」の「三方よし」の発想だ。

しかも、行政などからの補助金に依存せずに参加商店の自腹で行う。と言っても、カネはほとんどかからず、必要なのは知恵と工夫と努力であった。まさに前例のない日本初の商店街活性化策と言える。

岡崎での第1回目の「まちゼミ」は、10店舗20講座で実施された。199人が受講生となり、商店街に笑顔と活気が広がった。その後も「まちゼミ」は開催され続けており、岡崎にとってなくてはならない事業に成長した。

2014年は3地区約130店舗が参加し、4000人以上もの受講生を集める規模になっている。講座内容も多岐にわたり、「簡単に自分でできる美肌づくり」や「はんこ屋さんが教える消しゴムはんこ」「洗濯バサミで作るハイハイ赤ちゃん」「初心者の為の万年筆講座」など、魅力的なものがいっぱいだ。

こうした経緯で、岡崎ではじまった「まちゼミ」は、現在、全国各地の商店街に広がっており、実施する商店街はすでに100ヵ所に上るという。その伝道師とも言うべき存在が、松井さんだ。

松井さんは大津市の駅前商店街でのセミナーで、「まちゼミをやれば、一気に売り上げが上がるというものではありません。また、これは1店舗ではできません。周りのお店と力を合わせることが大事です。周りがよくならないとご自分の店もよくなりません」と、説明した。

そして、「(商店街を活性化するには) ハードが先かソフトが先かとよく議論されますが、両方ともに大事だと思います。ですが、どちらが先かとなれば、ソフトではないでしょうか。個々のお店もそうだと思います」と語り、マイクを置いた。

「まちゼミ」のコンセプトは3点だ。

1つ目は、お客とコミュニケーションを深めて信頼関係を築き、ファンになってもらう。それには魅力的な店主であることが必要である。

2つ目は、自分の店だけでなく、周りの店と力を合わせること。

3つ目は、ハードもソフトも大事だが、どちらが先かとなればソフトである。

この3点、地域活性化にもそっくり当てはまる。

全体を底上げしなければ、地域の活性化などありえない。地域貢献を心がけている住民の多寡が地域の暮らしやすさや勢いにつながると考えられる。

芸術家やIT起業家が続々移住～【「人材集約型」ジリキスト】徳島県神山町

悪条件に屈することなく、地域を自力で活性化させているところが全国にいくつか存在する。

その一つが「人材集約型」ジリキストのまち、徳島県神山町だ。

民間主導で「芸術と文化による地域再生」を進める神山町は、ITベンチャー企業などの呼び込みに成功し、全国から注目を集めている。

スダチの生産量日本一を誇る神山町は、人口約6000人。過疎化により、ピーク時の3分の1まで激減している。町の財政力指数は「0・22」（2012年度）しかなく、山間部にある典型的な過疎自治体と言える。

そんな神山町にまさかの現象が次々に起きている。

東京のITベンチャー企業などが次々に空き家を借りてサテライトオフィスを開設するな

ど、町外からの移住が目立つようになったのである。2011年度には人口が初の転入超過（12人）となった。

それだけではない。近年、世界各国からアーティストが訪れるようになった神山は、民間ベースでの国際交流が盛んな地域となり、いつしか「せかいのかみやま」と呼ばれるまでになっていた。

こうした四国の小さな過疎の町の賑わいぶりが広く知られるようになり、全国の耳目を引くようになったのである。

神山町で進められてきた地域活性化策には、3つの独自性があった。

1つ目は、行政ではなく、民間主導であること。2つ目が、ハードではなく、ソフト中心の取り組みであること。そして、3つ目が、「創造的過疎」（詳細は後述）を掲げるといった明確なビジョンと戦略に基づいている点だ。

日本の田舎をステキに変える！

「神山町を面白い場所にしたいと思って、ずっと活動してきました。地域づくりのポイントは、（地元に）何があるかではなく、どんな人が集まるかだと思います」

こう語るのは、神山町でさまざまなまちづくり事業を展開しているNPO法人「グリーンバレー」の大南信也理事長。神山町のキーマンで、「創造的過疎」の提唱者である。

大南さんは神山町で建設会社を経営する実業家。商工会青年部のメンバーとしてまちおこし活動に熱心に取り組んだが、大きな成果をあげられずにいた。それでも1992年に国際交流協会を立ち上げ、地域活動を続けた。

大きな転機が1997年にやってきた。徳島県が神山町に国際文化村を創る構想を公表したのである。

大南さんらは県の構想を新聞記事で知り、こう考えた。

国や県がつくった施設は住民自身が管理、運営することになるだろう。最初から自分たちの思いを込めた国際文化村を創っておかなければ、有効に使えない。どんなものが欲しいのか住民側から提案するべきだ。

さらに、「入れもの」よりも「入れるもの」が重要で、自分たちがソフト事業を立ち上げていくことで、最適化された施設（ハード）が見えてくるのではないかと。

こうした考えに至ったのは、過去に手痛い失敗を経験していたからだ。それまでは地域おこしのイベントやプロジェクトを実行すれば、その先に何かが見えてくるはずだという発想だった。しかし、懸命に活動しても何も見えず、挫折感と疲労感が残るだけだった。

活動は継続されず、つまみ食いに終わる。その繰り返しだった。それで、先に将来の地域の姿を思い浮かべ、逆算して動くべきではないかと考えるようになったのである。

大南さんは仲間たちと国際文化村委員会を組織し、議論を重ねた。行政も後からその輪に加わった。こうして、国際文化村構想のプロジェクトとして環境と芸術の2部門を住民たちで進めることになった。


実はその後、徳島県の構想は実行されず、国際文化村建設は幻となった。それでも大南さんらは、環境と芸術のソフト事業を独自に展開させていった。当初から自分たちで発案・企画してはじめたプロジェクトであるからだ。

森づくりや棚田の再生、さらには、道路清掃などを住民らが行政に代わって行う「アドプト・プログラム」というものも手がけた。

芸術部門の目玉事業となったのが、「神山アーティスト・イン・レジデンス」だ。これは、国内外からアーティストを地域に招聘《しょうへい》して滞在してもらい、作品を制作してもらおうという事業。1999年に初めて実施され、日本人1名と外国人2名の芸術家が選ばれ、神山町を訪れた。

神山はもともとお遍路さんを接待する文化の地である。住民主導の手厚くきめ細かなサポートがアーティストにも喜ばれ、評判が口コミで一気に広がった。芸術家を招聘する事業はその後も継続され、神山の価値を高めることにつながった。

国際文化村委員会はその後（2004年）、NPO法人グリーンバレーに衣替えした。メンバーは60人ほどで、「日本の田舎をステキに変える！」ことがグリーンバレーのミッションとなった。そして、「できない理由より、できる方法を」「とにかく始めろ」という2つの基本方針が掲げられた。

グリーンバレーはいろいろな事業を手がけているが、実際にはプロジェクトごとに実行委員会を組織して活動している。このため、グリーンバレーのメンバーでない人たちも参加しやすく、200人ほどの住民が何らかの活動に参加しているという。

そして「アーティスト・イン・レジデンス」をはじめてから、グリーンバレーにある問い合わせが寄せられるようになった。縁のできた芸術家などから移住したいとの声があがり、空き家の紹介などを依頼されるようになったのである。

ユニークな移住支援活動

そうした実績から、グリーンバレーは、2007年に神山町から移住交流支援センターの運営を委託されることになった。住民団体が移住希望者の支援を一手に引き受けるのは、極めて異例のことだ。

大南さんらは、世界中のアーティストに情報発信するためにもともとインターネットを活用していたが、2008年に専門家の協力を得てウェブサイト「イン神山」を開設した。これが思わぬ副産物をもたらした。

サイト内に掲載された神山町の古民家情報や暮らしぶり情報が人気を集め、人材を引き寄せることにつながった。建築家や映像作家、写真家やアートディレクター、ITベンチャー企業家など創造的な仕事をする人たちが「神山は面白そうだ」と関心を寄せ、町にやってくるようになったのである。

大南さんは「新しく町にやってきた人が新しい神山のコンテンツになり、新たに面白い人を呼び寄せるという、連鎖と循環が起きています」と、町の状況を説明する。

移住者を「優遇策」で呼び込もうとしている自治体は多いが、神山町のグリーンバレーの移住支援活動は極めてユニークだ。優遇策で釣るようなことはせず、住民側が移住希望者を、地域になじめるかどうかなどを見極めて判断するのである。

その究極が「ワーク・イン・レジデンス」というプログラムだ。空き家物件ごとに地元住民が希望する職種の人に入ってもらうもので、「この空き家にはパン屋さん」「こちらにはウェブ関係を」といったように指定する。将来、町にとって必要な働き手や職種の人たちを集めようという考えだ。

そのため、これまでのように移住者が空き家を改修するのではなく、グリーンバレーが事前に改修して貸し出す手法を取っている。

こうした取り組みにより、住民が希望する移住者が神山町に集まるようになった。移住交流支援センターを経由しての移住者は、２０１０年度と２０１１年度の2年間で23世帯46人。このうち、子どもは12人にのぼる。

大南さんらは、「ワーク・イン・レジデンス」により神山町の商店街の再生を図りたいとしている。現在、空き店舗や古民家の改修工事を進めており、レストランや放送番組のデータ制作会社のサテライトオフィスなどの入居がすでに決まっている。

大南さんは、「住民サイドが時間をかけながらさまざまな活動を続け、変化を顕在化させました。自分たち自身が変化の主体になれるのです」と語る。

大南さんらが掲げているのが、「創造的過疎による地域再生」である。これは「過疎化を受け入れ、将来の人口構成の健全化に力を入れる」という考え方だ。毎年、何人のUターン、Iターンがあれば、地域が存続していけるかはっきりした数値を算出し、その未来像に向かって活動を続けるという戦略である。

住民が動き出すことで変化は起こせる。しかし、やみくもに動いても成果はなかなか得られない。将来ビジョンから逆算して動き続けることがポイントだという。

神山町の民間主導による地域再生の動きは、これまでの常識を大きく覆すものだ。そして、それゆえに着実に成果をあげつつあると言える。

神山のケースは、地域活性化の主体は住民であり、住民の力によってしか地域の活性化はなしえないことを実証している。

衰退した地域でよく出会うのが、地元の厳しい環境や状況を嘆いたり、行政の無能さをあげつらってばかりいる人たちだ。

だが、そうした住民の後ろ向きの姿勢こそが地域の勢いを失わせている要因の一つとなっているのではないか。

「できない理由より、できる方法を」「とにかく始めろ」と住民自らが意識を変えることが、地域活性化の第一歩となる。

第5章　「ローカル・アベノミクス」に騙されるな

これまでの公共事業とこれからの公共事業

地域住民の課題を解決するために税金でインフラや施設などの整備を行うのが、公共事業である。こうした公共事業を「目的」と「主体（決定権者）」と「財源」の3つの視点で見ると、それぞれ大きく言って2つに分けられる。

まずは公共事業の「目的」。住民や地域が抱える課題を解決するのが、すべての公共事業の本来の目的だ。しかし、現実には地域の景気浮揚や景気対策を主たる目的とするケースも多い。公共事業を実施する真の狙いが、実のところ、地域にカネを落としカネを回すことというものが少なくない。

こうして公共事業の「目的」は、「地域の景気浮揚型」と「地域の課題解決型」に大別される。

前者の「地域の景気浮揚型」も地域の経済的困窮という課題を解決するためのものと見る向きもあるが、対象が特定住民に限定され、一時的な効果しかない弥縫《びほう》策にすぎないので、後者とは一線を画すべきと考える。

次の「主体」は、事業の決定権者に着目したものだ。事業を実施するか否かの決定権のみならず、事業内容や規模についても含む。「主権在民」の日本において、公共事業の決定権は国民・住民にあるのが、建前だ。しかし、中央政府や中央官庁が実質的に決定権を握っているという現実がある。

公共事業の「主体」は、「中央政府・中央官庁主導型」と「地域・住民主導型」に大別される。カネの出所で見ると、「国のカネ」と「地元自治体のカネ」となるが、いずれも「税金」であることには変わりない。

最後の「財源」というのは、借金への依存度の違いに焦点をあてたものだ。将来へのツケ回しを躊躇せずに事業を実施する「ツケ回し型」と、世代間の負担の公平性に留意する「計画借金型」に大別される。

以上を整理すると、公共事業は次の2つに分けられる。

◆タリキノミクス型公共事業
【目的】地域の景気浮揚型
【主体(決定権者)】中央政府・中央官庁主導型
【財源】ツケ回し型

◆ジリキノミクス型公共事業
【目的】地域の課題解決型
【主体（決定権者）】地域・住民主導型
【財源】計画借金型

なぜ「タリキノミクス型」が多いのか

公共事業の実態をこの3つの視点で分析すると、それぞれワンセットになっているケースが多い。

もちろん、混合型の公共事業もある。たとえば、地域の景気浮揚型で、地域・住民主導によるツケ回し型公共事業といったものなどだ。

このうち「タリキノミクス型公共事業」は、さまざまな弊害が内在している。

そもそもカネを地域に落とす（使う）ことが主目的なので、無駄という概念が希薄となってしまう。また、中央政府や中央官庁が事業の規模や基準を画一的に設定するため、地域の実情に合わない過大過剰な事業となりやすい。

さらに、中央官庁が縦割りでそれぞれ事業展開するので、重複が生まれやすい。それでも各自治体は、国のカネ（予算）が地元に落ちるメリットにのみ着目し、ひたすら事業を推進することになる。

さらに各自治体は、獲得した予算をめいっぱい使い切ることを「善」とし、より安く事業を執行する意欲を持ち得ない。業者間の競争を促すことに意味を見出せないのである。むしろ、入札では予定価格（上限価格）ギリギリで受注業者を決めようとし、「談合」を必要な手段として事実上是認してきた。地域に落とせるカネをわざわざ減らすことはないと思うからだ。

ところで、規模の要件、最大需要、万万が一の事態に備えてといった公共事業の原則にも例外がある。それはエネルギー政策だ。国策の原発の場合、万万が一のことは考えず、被害想定を極力小さく考えている。これが、日本の公共事業のダブルスタンダードの最たるものである。

こうして過大過剰な公共事業が全国に広がり、無駄と借金が積み上がっていった。特定の人たちのみを幸福にする「タリキノミクス型公共事業」が、必然的に生み出す事態と言ってよい。

だが、次第に税金の使われ方に対する疑問や不満が国民の間で膨らみ、変革を求める声が高まった。それに呼応するように、構造改革や地方分権、地域主権といった改革を掲げる動きが起こり、２００９年９月の政権交代につながった。

民主党の「コンクリートから人へ」というキャッチフレーズが、当時の有権者の心に効果的に響いたのだ。しかし、期待はすぐさま落胆にとって代わられた。

加速する土建政治の十倍返し

そもそも「コンクリートから人へ」の本質は、「コンクリートか人か」ではない。断行すべき改革は、「タリキノミクス型公共事業」から「ジリキノミクス型公共事業」に転換することだった。公共事業の目的と主体、財源の3点をセットで同時に転換することが、改革の本質だった。

ところが、政権交代後、そうした本質的な議論は脇に置かれ、改革は中途半端なものに終始した。単に陳情の行き先が変わったにすぎなかったのである。

結局、「タリキノミクス型公共事業」が温存され、税金の集め方や使い方に質的変化は生じなかった。もちろん、本質的な改革が短期間で成せるはずもないが、問題は改革の方向性や必要性などがきちんと示されなかった点にある。

2011年3月に東日本大震災と福島原発事故が発生し、2012年12月に再度の政権交代となった。自民党政権が復活し、デフレ脱却と景気浮揚を目指す「アベノミクス」が掲げられた。

また、「防災・減災」を目的とする「国土強靱化」が盛んに叫ばれるようになった。そんな時期に集中豪雨や台風などによる土砂災害が各地で頻発した。2020年の東京五輪開催が決定し、さらに、消費増税に向けた経済対策も加わった。「地方創生」という大義名分も加わり、公共事業費の積み増しがどんどんと拡大していった。

まさに「タリキノミクス型公共事業」の完全復活である。

民主党時代に見直されたダムや高速道路などの大型公共事業が次々に復活した。それだけではなく、「亡霊」とまで言われていたさまざまな事業計画までが俎上に載るようになった。地震津波対策としての庁舎の建設や新設、長大な防潮堤の建設も進められるようになった。

まるで「土建政治の十倍返し」のような様相となっている。

確かに「防災・減災」のために国土を強靱化せねばならないが、大事なポイントを見落としたままでは、強靱化にはつながらない。ポイントは2つある。

1つ目は、そもそも日本の国土は今どうなっていて、なぜ、そうなったのか。

2つ目は、日本の国土を強靱化する手法である。はたして今までと同様に構造物やコンクリートで埋め尽くすことで、本当に日本の国土は強靱化できるのかという点だ。

この2点の検証がほとんどなされていない。

ここで「タリキノミクス型公共事業」と「ジリキノミクス型公共事業」の具体例をあげよう。

「忘れられたダム事業」の復活～【タリキノミクス型公共事業】熊本県

「氾濫するなんて思ってもいませんでした。こちらはそれほどの大雨ではなかったし、前夜まで川の水の量も心配するほどではありませんでしたから。それが朝7時頃から一気に増え、あっという間に溢れ出しました」

こう振り返るのは、熊本市東区に住むNさん。2012年7月12日、自宅前を流れる白川が氾濫し、床上浸水の被害に見舞われた。Nさんは着の身着のままで避難するしかなかったが、決壊が深夜でなかったことが不幸中の幸いだったと語る。

局地的な豪雨の発生が近年、目立つようになった。

2012年7月には九州北部で梅雨前線豪雨が発生し、各地に大きな被害をもたらした。なかでも熊本県阿蘇地域は「千年に一度」と言われるほどの豪雨となり、土砂災害で多くの方が犠牲となった。

一方、大きな浸水被害を引き起こしたのが、阿蘇を源に熊本市内などを細かく蛇行しながら有明海に注ぎ込む白川だ。熊本県の中央部を横断する長さ74キロメートルの1級河川である。

上流部に降った大量の雨が一気に流れ込み、1956年の観測開始以降、最大の水位（熊本市内の基準地点で6・32メートル）を記録した。このため、流域の各所で氾濫し、2983戸（支流の黒川での被害も含む）もの家屋が全半壊、浸水する甚大な被害となった。

この白川、実はこれまでにもたびたび洪水を引き起こしていた。1953年と1980年、そして、1990年である。戦後4回目の水害となるが、被害の規模は過去に例のないほど大きいものとなった。幸い、人的被害は免れたものの、流域住民は今なお不安を募らせている。

だが、住民らが抱いているのは不安だけではなかった。

これまで行政が行ってきた治水対策と災害後に実施している治水対策の双方に、住民の多くが不満や怒り、疑問の声を上げているのである。

「熊本市内では、河川改修が終わっていないところから川の水が溢れたというのが、実態です」

こう指摘するのは、熊本の市民グループ「立野ダムによらない自然と生活を守る会」の中島康代表だ。

中島さんらは、白川洪水の当日から被災現場に足を運び、氾濫や浸水の調査を重ねてきた。

浸水箇所の状況や堤防の様子、河川改修の状況などをチェックして回り、さらには住民の話にじっくり耳を傾けたという。それらの独自調査の結論が、「熊本市内では未改修区間の多くで、氾濫・浸水した」というものだ。

亡霊「立野ダム事業」

これはいったい、何を意味するのか。白川の治水対策にはこんな経緯があった。

国（国土交通省九州地方整備局）と熊本県は、2002年に「白川水系河川整備計画」を策定していた。白川による洪水被害などを防ぐため、堤防の整備や河道の掘削、橋の架け替え、遊水池の造成などが盛り込まれた。

この整備計画が策定される20年ほど前に、別の大型プロジェクトが着手されていた。洪水防止のため、白川上流部（熊本県南阿蘇村）に治水専用ダムを建設するというものだった。立野ダム建設事業である。

国が、直轄事業として約917億円かけて建設するという計画だ。しかし、そもそも白川の流域住民からダム建設の要望があったわけではなく、「ダム計画の存在は知っていましたが、地元で話題になったことはないですね」（Nさんの話）。

立野ダム建設は1983年から事業着手となった。用地測量が行われ、2007年度までに家屋移転も完了している。しかし、長期の足踏み状態が続いている。本体工事はおろか仮排水路の建設工事にも入れずにいた。

ダム問題に詳しい熊本県のある県議は、「もともと立野ダムは忘れられたような計画で、国からも何としてもつくりたいといった熱意は感じられませんでした。まあ、亡霊のようなものでした」と、振り返る。

それでも、2002年の白川水系河川整備計画は、立野ダムによる治水効果を盛り込んで策定された。そして、2009年に歴史的な政権交代が実現した。

「コンクリートから人へ」となり、立野ダム事業は凍結された。ダム事業を継続するか中止するかの検討対象の一つとなったのである。

その時点で、立野ダム事業にはすでに約426億円もの税金が投じられていた。用地費や測量試験費などに費やされていたのである。繰り返すが、事業スタートから四半世紀が経過しながらも、ダム本体はおろか仮排水路の工事すら未着手の状態で、である。

ところで、1級河川の白川は河川管理が一元化されていない。熊本市内の小磧《おぜき》橋を境に、下流は国、上流は熊本県とそれぞれ管理主体が分かれている。

今回の白川洪水で甚大な被害が出たのは、熊本市内の弓削《ゆげ》橋（上流部）から竜神橋（下流部）までの約11・4キロメートルの区間だった。このうち弓削橋から小磧橋間（約9・9キロメートル）が県の管理で、小磧橋から下流の竜神橋間（約1・5キロメートル）が国の管理となっている。県管理の河川区間でより大きな被害が生じたのである。

それはなぜか？　要因の一つとして河川改修事業の進捗度の違いが挙げられる。

二の次にされた白川河川改修

「これまで何度も水害に遭っていて、そのたびに川幅を広げて欲しいと県に要望してきたが、聞き入れてもらえなかった」

こう憤慨するのは、今回の水害で大きく損傷した橋のたもとに住む地元住民だ。

国が管理する小磧橋から下流では、堤防整備予定区間の約7割が完了していた（小磧橋と竜神橋間は未計画）。これに対し、上流の熊本県管理区間は「小磧橋から上流1キロ間の用地買収を進めていたが、買収の進捗度は8割強で、改修まで至っていなかった」（熊本県河川課）。要するに、河川改修はまったくの手付かずだったのである。

ある県議は「これまで立野ダム計画に多額（約426億円）の税金がつぎ込まれてきました。そのカネが白川の河川改修などに活かされていたら、今回のような大災害は防げたはずでした。立野ダム計画があったがゆえに白川の河川改修が遅れてしまったと思います」と、一連の治水対策を分析する。

２０１２年7月の水害被害を受け、国と熊本県は「激甚災害対策特別緊急事業」の実施を決めた。白川水系の大規模な治水対策を5年計画で実施するもので、河川改修や遊水池などに４２３億円（国管理分が１２３億円、県管理分が３００億円）を投じる。県は２０１２年10月に、県管理区間の新たな改修計画を発表した。

一方、忘れられた存在となっていた立野ダムにも大きな動きがあった。事業の中止か継続かの検証が国土交通省内でなされていたが、２０１２年12月６日に再び「継続」との結論が下されたのである。総選挙の公示直後のもっとも慌ただしい時だった。

こうして立野ダムが復活することになり、白川の治水対策は新たに約４２３億円を投じる大規模河川改修と治水専用ダムの２本立てで進められることになった。

流域住民はさぞかし胸をなでおろしているだろうと思うかもしれないが、実態はそうではない。立野ダム建設にはさらに約４９１億円かかる見込みで、完成するまで工事着手から10年かかる見通しだ。

しかも、建設予定地は国立公園内で、地盤の軟弱なところだ。

流域住民からは「立野ダムにかかる工事費を河川改修に上乗せしてもらったほうが、むしろより安全な川になるのでは」という声が広がっている。

身の丈事業と驚くべき村民力〜【ジリキノミクス型公共事業】長野県下條村

先にも紹介した長野県最南端の下伊那郡の中央に位置する下條村の人口は、約4000人。村の約7割を山林が占め、平坦地は極めて少ない。宅地面積はわずか3％ほどで、天竜川右岸の河岸段丘の上に集落が散在する。傾斜地ばかりで農地も少なく、村の主産品は果樹やソバといったところだ。

村内に大きな企業や事業所があるわけでもなく、村の税収は乏しく、財政力指数「0・22」（2012年度）。つまり、さまざまな悪条件に苦しむ典型的な山村の一つである。

そんな下條村が「奇跡の村」と呼ばれるようになって、実は、久しい。村として早くから少子化対策に乗り出し、成果をあげてきたからだ。全国有数の高い出生率を誇り、それを維持し続けているのである。

しかし、下條村はあっと驚くような奇策を編み出し成功したのではなかった。むしろその逆で、自治体の取るべき道を愚直なまでに進み、自治体として当たり前の施策を取り続けた結果である。

国の補助制度などに安易に飛びつかず、地元の実情に合った施策を自らの創意工夫で編み出し、それを住民と共に汗を流して実行してきたのだ。

住民が村道や水路を整備・補修

その一つが、１９９２年からはじまった建設資材支給事業である。これは、村道や農道、水路などの整備を住民自らが行い、村はその資材を支給するというユニークな事業だ。

１９９２年の村長選で初当選した伊藤喜平村長が打ち出したもので、「奇跡の村」への第一歩となる重要施策であった。

かつての日本は、地域住民による助け合いがごく普通に行われていた。住民が互いに労力や資金を提供し合い、地域の水路や生活道路、堤防などの整備や補修を行っていたのである。「結い」や「普請」と呼ばれる地域共同体の助け合いの慣行である。

自分たちの地域の課題を自分たちが額に汗して改善する――。それがごく普通のことだった。

ところが、今は何もかも行政にお任せとなっている。それどころか、「我々は税金を払っているのだから、行政サービスを受けるのは当然だ」と考える人も多く、行政への要求はアレもコレもとエスカレートする一方である。

こうした行政への過度の依存の流れを断ち切ろうというのが、建設資材支給事業であった。もちろん、行政コストの縮減につなげたいとの狙いもあったが、一番の肝はこちらにあった。

それでも「村がコンクリートや骨材などの資材を提供するので、地域の小規模な土木工事は住民自らが額に汗してやってください」というお願いである。反発する村民もいて、実施に至るまでに半年間ものスッタモンダがあった。

こうしてはじまった建設資材支給事業は現在も続けられており、住民自らが整備・補修した村道や水路などは1565ヵ所（2013年度末現在）に上る。累計総事業費は約2億9645万円。今では村内のそこかしこに住民施工の道路や水路などが生まれている。

下水道ではなく合併浄化槽を選択

先にもふれたように、下條村は下水道事業でも独自性を発揮していた。これこそ「ジリキノミクス公共事業」の典型である。

国や県が推進する公共下水や農業集落排水施設ではなく、合併浄化槽を選択したのである。ランニングコストなどを勘案し、後者の方が住民や村にとってよいと判断したからだ。言わば国策と一線を画する行動で、地方自治体の常識ではあり得ない選択だった。

村は1989年に下水道事業の検討に入った。約30億円を投じた上水道の整備がほぼ完了し、次は下水道となった。当時、国は公共下水道（旧・建設省所管）や農業集落排水事業（農林水産省所管）を推進していた。いずれも終末処理場と管渠《かんきょ》の敷設を要するため、事業費は巨額に上る。

このため、国は事業費の半分を補助金、残りの半分を起債で賄えるようにし、自治体に下水道整備を促した。国策として推進したのである。こうして全国各地で下水道の設置工事がはじまった。元手なしで大規模公共事業が行えるとあって、飛びつく自治体ばかりとなったのである。そんななか、下條村は極めて冷静だった。

下水道事業に最低でも43億円かかるとそろばんをはじいた。集落が山間部に散在する下條村は、事業の効率化が図りにくい悪条件下にある。管渠の敷設に１メートルあたり約10万円かかるなどイニシャルコストは高額に上り、さらに、ランニングコストも未来永劫増え続けることが見込まれた。

国から補助金をもらっても、事業費の半分は村の借金となる。元利償還金とランニングコストが将来、小規模自治体の財政を揺るがすことになると危惧したのである。

こうして下條村は管を張り巡らす下水道ではなく、村全体を合併浄化槽一本でいくことを決断した。合併浄化槽の場合、設置する各世帯に負担金と管理責任（水質検査や保守点検、清掃など）が生じるため、村は独自の補助制度を新設して支援することにした。

下條村の村内オール合併浄化槽の判断は奏功した。

現在（２０１３年度末）、総事業費は約８億８３８０億円で、しかも村の実質的な負担は約

2億5560万円にすぎない。後年度負担もなく、ランニングコストも軽微である。国が推進する施策を安易に採用せずに、身の丈に合った事業を展開させたことによるものだ。

こうした下條村独自の施策の上に少子化対策が加わった。一番の目玉は、「若者定住促進住宅」の建設だ。

村は1997年度から、若者向けの村営住宅の建設を開始した。国の補助金をあえて使わず、村の単独事業として実施した。入居条件をつけるためだ。家賃を格安にし、子どものいる家族や結婚予定者などに限定した。この施策が元気な下條村の土台を作ることにつながった。

下條村は行政の無駄をトコトン削って、投資的経費に充てるカネを捻出したのである。日本の山奥に出現した「奇跡の村」は、1人の卓越したリーダーの力ではなく、住民の総力によってつくり上げられたものである。住民自らが動き出さない限り、どんなにリーダーが卓越した人物であっても「奇跡」は起こせないという好例であろう。

地方創生の模範事例とまで評価されている下條村は、皮肉なことに国策と距離を置く独自路線の村だった。他の自治体のように国策に従っていたら、おそらく下條村の姿はまったく違ったものになっていただろう。

その下條村を牽引してきた伊藤喜平村長はこう語る。
「国や都道府県の果たす役割は重要だが、同時に各自治体が自らの体質を強くしなければいけない。自治体の体質を強くできるのは、住民であり、住民の責任でもある。是々非々の姿勢で自治に参加し、地域の力を引き出していくべきだ」

長野県下條村

◆「財政自律度」ベスト2位
◆「住民1人当たりの借金残高」ベスト288位
◆「税の納付率」ベスト1位
◆「自治体選挙における投票率」
　村長選挙　無投票（2012年7月8日）
　村会議員選挙　無投票（2011年4月24日）
◆「豊かさ度（財政力指数）」ワースト313位

国策による負の連鎖「土砂災害」

九州の例に限らず、日本列島で台風や集中豪雨にともなう大規模な土砂災害が頻発している。広島市や伊豆大島など多数の人命が失われる悲劇も相次いでいる。異常気象による未曾有の大雨がもたらした天災である。

各地で続発する土砂災害に対し、国土交通省はソフトとハードの両面での対策を講じ、防災・減災を懸命に進めている。

ソフト面では、観測体制の強化やハザードマップの作成、大規模崩落の検知といった情報収集と伝達、さらには住民の避難体制に関するものなどだ。人命を守る警戒避難対策である。

ソフト面ではもう一つ、土砂災害特別警戒区域指定などによる危険箇所への居住制限などもある。こちらは土地利用規制による対策だ。

一方、ハード面では砂防堰堤《えんてい》など構造物の設置による防災対策である。施設整備によって人命や財産を守るものだ。

国土交通省はこれらを土砂災害対策の3本柱と位置付けているが、重要なものが抜け落ちているように思えてならない。

荒れ果てた森林の再生である。山村や森林の再生こそが「国土強靱化の肝」と考えるが、それがすっぽりと抜け落ちている。

スギ、ヒノキの人工林が山を壊した

日本は戦後、スギやヒノキといった針葉樹の植林を国策として打ち出した。木材需要の増加を見越してのことで、補助金を出して山主に植林を推奨したのである。その結果、日本の森林は大きく変貌した。

1950年代までは8対2で広葉樹林が多かったが、現在は6対4に変わっている。針葉樹林が全国各地に広がったのである。日本の森林面積は約2508万ヘクタール（2012年）あり、このうち人工林は約1029万ヘクタールにのぼる。

ところが、木材価格が1980年をピークに暴落し、右肩下がりとなる。安い輸入材が大量に入り、日本の林業は大打撃を受けたのである。山村での生活に見切りをつけ、都会に流出する人が続出した。こうして森林の多く（広葉樹林も含む）が間伐されないまま放置されるようになった。全体の約8割がそうした状態だと言われている。

山に入って手入れをする人、また、できる人が激減してしまったからだ。

間伐されない人工林は、山にさまざまな負荷を与えることになった。森林の中の木の密度が高いため、上部に密集する葉っぱに遮られて日の光が森林の中に入らない。それで下草が生えず、土壌がむき出しとなった。

そのため、本来の森林が持つ保水力を喪失してしまっているのである。

間伐されない人工林が山に与えている負荷はこれだけではなかった。森林研究の第一人者である東京大学大学院の蔵治光一郎准教授によると、山の地表を削り取るメカニズムができあがってしまっているという。それはこういうことだった。

木々の間隔があいている通常の森林の場合、雨粒の多くはそのまま山の地表に降り、土に吸収される。ところが、木々が密集した人工林では、雨粒が木々の上部の葉っぱに溜まることになる。日の光が遮られるのと同じ原理である。

上部に溜った雨粒は少しずつ集まり、ある程度の塊となって下に落ちる。葉っぱが雨粒の重みに耐えられなくなるからだ。森林の高いところから塊になった雨粒が落下するのである。通常の雨粒よりも地表に与える衝撃度は巨大なものとなる。

蔵治准教授によると、雨粒の大きさは4～5倍になるため、落下による雨粒のエネルギー量は通常の20倍にものぼるという。

小さな水滴ではなく、まるで鉄の塊が上から落ちてくるようなものだ。こうした衝撃で木の根が露出するほど山の地表が抉《えぐ》り取られるようになり、剝がれ落ちた土砂が山の斜面を滑り落ちて下部に流出し続けることになる。

放置された人工林は単に保水力を失うだけではなく、土砂を流出させ、山そのものを崩壊させる現象を引き起こしていたのである。

そうした影響が近年の土砂災害の特徴となって現れている。土石流が流域の境を越えて発生することだ。そして、流木による被害が拡大していることだ。高知県大豊町で２００６年、雨も降っていないのに山の斜面が突然、崩落するという信じられない事故さえ起きている。周辺には放置された人工林が広がっていた。

ダムは森林再生につながらない

土砂崩れや土石流、川の氾濫といった災害を防ぐため、ハード面の対策が講じられてきた。砂防ダム（堰堤）や治山ダム、治水ダムといったコンクリート構造物で土砂や水の流れを遮断する方策である。いわゆる力技だ。

広島市の土砂災害でも砂防ダムの整備が最優先に掲げられている。砂防堰堤は現在、全国で６万２０００くらいある。ダムがおよそ３０００ほどなので、その約20倍だ。しかも、年間に数百の単位で新たにつくられている。いくらつくっても土砂で埋まってしまい、さらにその上流に新たにつくることを繰り返しているからだ。

ダムも同じように土砂が流れ込みやすくなっていて、想定以上の早さで堆砂が進んでいる。そうした堆砂の抜本的な処理策は見つかっていない。土砂で埋まったダムの下流に新たにダムをつくったり、土砂を浚渫《しゅんせつ》してダンプカーで下流部に運んで処理するなどしている。もちろん、巨額な予算を投じてのことだ。

砂防ダムなどの整備が防災・減災につながるという地域や箇所はあるが、そうではない箇所も少なくないと考える。留意すべき点が2つある。

1つは、砂防ダムや治山ダム、治水ダムなどをどれだけつくっても森林そのものの再生にはつながらないという点だ。

また、砂防ダムや治山ダム、治水ダムなどがもたらす由々しき現象もある。山と海は川の中を流れる水と土砂でつながっている。ところが、川の上流部に砂防ダムや治水ダムなどがたくさんつくられたことにより、山から海への水や土砂の供給量が大きく崩れてしまったのである。川底が低下したり、海辺が削られたりする事態が広がっている。

また、山の養分が海に注がれにくくなるので、海も痩せ衰えてきたと言われている。

つまり、山の管理を怠り、荒れたままにしておくことが、山のみならず川や流域、海をも脆《もろ》くしているのである。国土全体の弱体化を呼び寄せているといっても過言ではない。


力技だけでは土砂災害に勝てない～【「森林再生」ジリキスト】神奈川県相模原市

「木を切り倒す間伐方法ではないので、誰でもできます。本来のやり方ではありませんが、日本の森があり得ない状況になっているので、それを何とかするためのものです。プロではない私たちみたいな一般の人が森の手入れに加われるようにしないと、日本の森は本当に危ないと思います」

こう語るのは、神奈川県相模原市藤野の住民グループ「トランジション藤野」の竹内久理子さんだ。

「トランジション藤野」は地域の人や資源に目を向け、住民自らの創意工夫で地域づくりをすすめる草の根の運動を行っている。2008年に藤野で発足し、現在、さまざまなワーキンググループが活動を展開している。

その一つが「森部」(代表は桝武志さん)で、コアメンバーとして竹内さんと伴昌彦さん、飯田正行さんらがいる。いずれも林業のプロではなく、藤野に移り住んできた会社員や自営業、農業にたずさわる人たちだ。

この「森部」のメンバーが放置された地域の人工林に入り、間伐を行っている。もちろん、山主の協力を得てのボランティア活動で、チェーンソーを駆使して伐採するプロのそれではなく、ノコギリと竹べらを使う間伐方法だ。

幹回りの樹皮を剝き、そのまま木を丸裸にしてしまうのである。そして、ゆっくりと立ち枯れさせる「皮むき間伐」という手法だ。水分を含んだ樹皮を剝くことで、1年半から2年後には良質な天然乾燥の木材になる。伐採時にはぐっと軽くなるので、山から運び出すのも楽だという。

皮むきは危険が少ないので、ある程度の年齢になれば、子どもたちでも取り組めるという。山に入ることへの抵抗を少なくする意味も大きいようだ。

人工林の木が「皮むき間伐」されると、丸裸となった木質が森の中できらめいて見えるため、この手法は「きらめ樹」間伐とも呼ばれている。

「トランジション藤野」の「森部」は、この「きらめ樹」間伐を2011年から藤野の2ヵ所の山林で実施している。荒廃した地域の山を少しでも再生させたいとの思いからだ。


さらに、山の再生を目指す新たな取り組みも開始していた。それは「水脈整備」というもので、あまり世に知られていない山の再生手法だ。

「水脈整備」は、造園家で環境再生医の矢野智徳氏が提唱する独自理論によるもので、こういう考え方である。

森林には本来、水と空気の流れというものがある。それが人工的な構造物で寸断されたり、大きな圧力がかかり目詰まりしていたりする。そのため水と空気の流れが滞り、森林全体がいわば動脈硬化を起こしている。

こうした水と空気の詰まりを取り除くことで、森林を蘇らせるという考え方だ。それが「水脈整備」という取り組みにつながったのである。

「トランジション藤野」の「森部」のメンバーは、たまたま隣町の山梨県上野原市に住んでいた矢野さんに講師を依頼し、「水脈整備」を学習した。そして、2013年2月からその実践に乗り出していた。地域の山主たちの理解と協力を得て、山に入ってかつての水路を復活させたり、山道に水が流れるように溝を入れたりしているのである。

「森部」の桝代表は「一度、人が手を加えた山はメンテナンスし続ける必要があります。そうする責務が私たちにはあると思います。水脈は血管と同じで、詰まると病気になります。水や空気、土砂が自然に流れないことによる負荷が溜まり、別のところから溢れ出るのだと思います」と語る。

　彼らの活動に対し、地元の山主たちは「森部のメンバーは神様みたいな人たちです」と言う。

　昔は地域に三十数軒の山主がいて、山での作業を行っていた。ところが、高齢化にともない山に入る人、入れる人がいなくなってしまった。かつては共同で行っていた山の中の道づくりも今やまったくできない状態で、山は荒れ放題となってしまっていたのである。

　コンクリートでの防御に力を入れる前に、山の再生に向けた地道な努力を重ねるべきではないか。藤野の取り組みはその一つの有益な実例だ。

土砂災害対策はより複合的に行うべきで、コンクリートの力に過度に依存するのではなく、荒れ果てている森林の再生を地道に進めることが必須である。国土を強固なコンクリート構造物で覆えば、国土強靱化につながるというような単純な話ではないからだ。国土交通省と林野庁などが縦割りで対処するのではなく、連携して取り組むべき最重要課題である。

第６章　地方創生の特効薬とは何か

地域活性策の「失敗の歴史」

日本の地方の窮状が深刻化している。地域経済は疲弊し、過疎化や高齢化に歯止めがかからない。なかでも深刻なのが、中山間地域である。住民の半数以上が高齢者という限界集落が一般化し、今や存続そのものが危うくなっている集落が増えている。

こうした過疎地域に「2015年危機」なるものが訪れている。

地方から都市部への人口流出は高度経済成長期にはじまり、以来、半世紀が経過した。この間、地元に残って地域や地場産業を支えてきたのが、昭和一桁世代である。そうした世代が2015年には全員80代となる。彼らの大量引退は避けられず、新たな難問が生じると見られている。

田畑や山林の所有権の継承に伴う課題である。彼らの資産を相続する人のほとんどが都市部に居住している。地域を支えてきた昭和一桁世代に代わり、大量の不在地主が誕生することになる。

担い手の消滅により、田畑や山林、家屋などの維持管理は一層困難となるのは必至だ。また、地元の伝統文化や技、知恵といった無形の財産の喪失も不可避となり、地域の荒廃が一気に加速するのは間違いない。

厚生労働省の『将来推計人口』によれば、人口5000人未満の小規模自治体が激増し、2040年には全自治体の5分の1以上を占めるという。

人口減少が進むと同時に、居住者がいなくなる無人化地域も拡大することが予測されている。

現在、日本の国土の約5割に人が居住しているが、国土審議会の『国土の長期展望』(2011年)によると、2050年までに居住エリアは約4割に減少するという。

つまり、現在人が居住している地域のさらに約2割が将来、無人化してしまうのである。今後、無人化する地域の割合が高いのは、北海道(52・3%)と四国地方(26・2%)、それに中国地方(24・4%)である。

お盆休みに帰省したいが、故郷で迎えてくれる人がいないので断念——。

そんな悲しい事例が今後、ごくありふれたものとなりかねない。故郷や地元、田舎といったものが消滅してしまう重大危機に直面している。

残されている時間はもはやそう多くない。自立的で持続可能な地域の再構築を図ることが喫緊の課題となっている。

地域活性化予算を虚しく消化

もっとも、地域活性化は古くからの課題であり、その取り組みは地方からの人口流出がはじまった当初から実施されている。それはまた、失敗の歴史といっても過言ではない。

各地でよく似た活性化策が実施され、一時的な盛り上がりに終わってきたのが、実態だ。公共事業によるインフラ整備や企業・施設の誘致、それに特産品の開発やイベント開催が定番である。各地で同じような取り組みを行い、同じような挫折を繰り返してきたのである。

もちろん、地域の疲弊の背景には経済社会の潮流の激変がある。対症療法で簡単に活性化できるはずもなく、小さな地域の奮闘に限界があるのも事実。成果が思うように上がらず気持ちが萎《な》えてしまい、諦めてしまう地域や住民も少なくない。

こうして、地域活性化策の予算だけが虚しく消化される現実が続いている。

代表的なものが、過疎法だ。

人口減により住民の生活水準や生産機能の維持が困難となった地域を対象に、国が国庫補助率のかさ上げや過疎対策事業債（元利償還金の7割を国が交付税で肩代わりする特別な地方債）といった財政的な支援を行うものだ。1970年に時限立法として制定され、改定を重ねて今もなお継続している。

過疎地域の指定要件は人口減少率と財政力指数の2点で、２０１０年の法改正で緩められた。財政力指数「０・４２」以下が「０・５６」以下となり、直近25年間の人口減少率19％以上が17％以上となった。

２０１４年３月時点で全国１７１９市町村のうち、約46％に当たる７９７市町村が過疎地域に指定されている。当初の約24％より比率は大幅に増加している。

過疎対策のための法律がこれといった効果を発揮せずにいることの表れでもある。そればかりか、北海道小樽市や福岡県大牟田市といった古い歴史を持つ都市までもが過疎地域に指定される事態になっている。

スローガンで終わる地域活性

地域活性化策と言えば、１９７９年に大分県の平松守彦知事（当時）が提唱した「一村一品運動」が名高い。地元の特産品を創り上げ、地域経済を潤わせようという運動で、大分県のみならず、全国に広がった。ブランド化に成功した産品もあるが、担い手の高齢化などにより持続しているものはそれほど多くはない。

竹下登内閣が１９８８年からはじめた「ふるさと創生1億円事業」も記憶にあろう。全国の自治体に自由に使える予算として1億円ずつ配分し、地域活性化を競わせた。その結果、全国各地に公設の温泉施設などが雨後の筍のように生まれた。

バブル時代になり、地域活性化の特効薬として「総合保養地域整備法（リゾート法）」が制定された。1987年に施行され、全国の自治体が次々に名乗りを上げた。過疎化に悩む各地の農山漁村はリゾート開発に沸き返った。

当時、ブームとなっていた第三セクターが主に事業主体となり、ゴルフ場やスキー場、テーマパーク、ホテルなどの開発に乗り出した。税制上の優遇措置や国からの無利子貸し付け、地方交付税による補塡などが誘い水となった。

しかし、大規模リゾート開発が無残な結果に終わったことは周知の通りだ。杜撰《ずさん》な計画にバブル崩壊が加わり、バタバタと経営破綻した。日本列島全体がまるでリゾートの墓場と化したのである。こうしたリゾート破綻はその後、事業主体となった第三セクターの処理問題に形を変え、自治体財政を圧迫することになった。

リゾート開発を主導した国はバブル崩壊後、景気対策に力を入れるようになった。その一環として先述の「地域総合整備事業債（地総債）」の活用を自治体に推奨した。主にハコモノ建設に充当できる特別な地方債で、元利償還金の一部を国が交付税で手当てした。つまり、国にツケ回しできる「有利な起債」であった。

これもまた「自治体の創意工夫による地域活性化を促す」目的でつくられた。ところが、現実は正反対の方向へと進んでいった。

各自治体がハコモノづくりに狂奔し、創意工夫や効率化とは無縁のハコモノ王国が日本各地に誕生した。このため地総債は「ハコモノ行政を助長した」との批判を受け、2001年に廃止されることになった。

大合併でばらまいた毒まんじゅう

それと入れ替わるように「平成の大合併」がはじまった。人口減少や少子高齢化、過疎化といった難題に対応できるよう、合併により自治体の体質を強化しようというものだ。

しかし、合併の旗振り役だった国は、ここで矛盾に満ちた誘導策を用意した。合併を促すための手厚い財政措置として、元利償還金の7割を国が交付税で手当てする合併特例債を創設したのである。

その一方で、地方交付税総額を減額していった。

これらの効果は抜群で、各市町村は一斉に合併になだれ込んでいった。3200あまりあった市町村は、わずか10年ほどで1700あまりに激減した。しかし、市町村合併が自治体の体質強化や地域活性化につながったという事例は少ない。

国は市町村合併を進めると同時に、規制緩和を掲げた。その具体策の一つとして地域限定の「構造改革特区」を2002年に創設した。自治体に規制緩和の提案を募り、構造改革の突破口とすることを意図した。これまで1200件あまりが認定されたが、小粒のものばかりである。

その後、政権交代が起こり、地域主権を掲げる民主党政権が誕生した。この政権下で「総合特区」が創設された。規制緩和と国の税財政支援を組み合わせたものだが、再度の政権交代により「国家戦略特区」にとって代わられた。

結局、これまで国が進めてきた地域活性化策はことごとく失敗に終わっている。一過性のブームを生むだけで、しかも、そのブームが過ぎ去ったあとは地方の疲弊が一層進むという皮肉な現象が繰り返されていた。

地方創生の手本「四万十ドラマ」〜【「清流と森」ジリキスト】高知県四万十町

安倍晋三総理は2014年9月5日、政府内に地域再生を目的とした「まち・ひと・しごと創生本部」を新設し、自ら本部長に就いた。省庁横断で地域活性化策を打ち出し、疲弊した地域経済の再生を目指すとした。

アベノミクスの「第3の矢」である成長戦略の一つで、「ローカル・アベノミクス」と言われている。

「地方創生」策の一つとして挙げられているのが、地域の農林水産業の「6次産業化」だ。自分たちがつくった産品を自らが加工して商品化し、さらには自らが販売するというものだ。

その先進事例として全国から注目を集めているのが、高知県四万十町の「株式会社四万十ドラマ」だ。クリや茶、コメ、シイタケといった地域の1次産品を加工して商品化し、全国に販売することで地元にカネと雇用をもたらし、さらには若者の移住をも呼び込んでいるからだ。


日本最後の清流と言われる四万十川の中流域に広がる高知県四万十町は、2006年に窪川町と大正町、それに十和村が対等合併して誕生した。人口は約1万8400人で、町の約87%が林野。川沿いと台地に人家が点在する山村である。

こうした四万十町の中でも山手の旧十和地区(人口約3000人)が、「四万十ドラマ」の活動拠点となっている。条件不利の典型的な過疎地の山間部である。

ところが、地元の1次産品の生産と加工、販売に力を入れた「四万十ドラマ」は地域の中核企業で、グループ会社は7社(NPO法人と一般社団法人を含む)。年間の総売上高は約4億5000万円に上り、37人もの従業員を抱える。

もっとも、畦地履正《りしょう》社長は「私たちは消費者のみなさんとも一緒にやっていますので、6

次産業ではなく、6プラス4の10次産業だと考えています」と語る。

ローカル・ローテク・ローインパクト

「四万十ドラマ」の歴史は意外に古く、設立したのは今から20年前の1994年のこと。地元自治体（旧大正町と旧十和村、旧西土佐村が出資）による第三セクターとしてスタートした。社員は当時、農協から引き抜かれた29歳の青年のみ。今の畦地社長である。

文字通りゼロからのスタートだったが、「四万十ドラマ」は明確な経営理念を高々と掲げていた。

1つは「ローカル」である。これは「四万十川を共有財産として豊かな生き方を考える」というものだ。

そして、「ローテク」。「地元の素材・技術・知恵にこだわったものづくり」である。

3つ目が「ローインパクト」で、「四万十川に負荷をかけずに風景を保全しながら活用する」といった考え方だ。社名の「四万十ドラマ」には、「最後の清流・四万十川から新たな物語をつくる」という意味が込められていた。

これら3つの理念の下、「四万十ドラマ」は船出した。まずは地元産品を活用した独自商品の開発に知恵を絞り、販路開拓に力を入れた。バイヤーに必ず現地・四万十で生産者に直接、会ってもらうなど、顔の見える関係をなによりも大事にした。

また、会員制度をつくり全国にネットワークを広げていった。これが商品開発に止まらず、交流や観光といった「四万十発着型産業」へと展開していった。

事業開始から3年足らずでヒット商品が生まれた。

地元のヒノキの端材を活用した芳香材「四万十のひのき風呂」だ。さらに、地元特有のかおり米「十和錦」や地元の生産組合と共同開発したペットボトル入り緑茶「しまんと緑茶」など、四万十ならではのヒット商品を連発。売り上げは年々増加していった。

業績の好調ぶりが行政からの完全独立につながっていった（市町村合併の枠組みの問題も要因の一つと思われる）。２００５年に旧3町村が所有する株式をすべて会社側が買い取り、地域住民を対象に新たな株主を公募することになった。

こうして「四万十ドラマ」は２００５年4月に、地域住民などが株主となる「住民株式会社」として再スタートした。地域により深く根を下ろすことになったのである。

その後も、地元産のクリや紅茶などを活用した新商品が次々に開発された。いずれもオリジナルである。さらには古新聞を使った新聞バッグの販売や道の駅の運営、新たな加工場の設置やカフェのオープンなど、「四万十ドラマ」は事業内容を今なお拡大させている。

畦地社長は、「3つの理念は、設立当初からいささかもブレていません」と胸を張る。今や地域を支える中核企業に成長し、都会から就職を希望する若者も後を絶たない。社員の過半数を30代以下が占めるほどである。

国策に従わず守り続けた広葉樹林

では、なぜ今から20年も前に四国の小さな山村にこんな会社が生まれたのだろうか。

もともと旧十和村は災害が多く、「日本一の寒村」とまで呼ばれていた。住民はそれほどまでに厳しい生活環境を強いられた。このため、戦前は村民の約3分の1が村を離れ、満蒙開拓団に加わったほどだ。

ところで、繰り返し述べているように、国は戦後、スギやヒノキといった針葉樹を植える政策を打ち出した。国策として全国の山村に大号令を発したのである。

日本の天然林の多くは広葉樹で、当時は約8割がそれであった。国からの手厚い補助金が効き、国策に飛びつく地域が相次いだ。貴重な地域資源である広葉樹林が、瞬く間に針葉樹林に変貌していった。全国各地がいっせいに、同じ方向へ猛進していったのである。

だが、高知の小さな無名の山村にすぎなかった旧十和村は違った。国策に従わず、地元の広葉樹林を大切に守り続けたのである。

当時の森林組合長の岡峯藤太さんが、「何でもかんでも植林さえすればよいというものではない。山の複合経営を維持すべきだ」と、住民を説得して回ったことによる。

岡峯さんの考え方はこうだった。

スギ・ヒノキを植林しても、それらが商品になるには40年以上かかる。その間、山から収入が得られなくなり、いずれ生活できなくなる。年間通して山から収入を得られるような複合経営を維持すべきで、そのためには天然の広葉樹林を残しておくべきだというものだ。シイタケやクリ、茶などを栽培するためである。

岡峯さんは村づくりに心血を注ぎ、森林組合事務所に寝泊まりする生活を送っていた。そんな人物の懸命な説得に、住民の誰もが耳を傾けた。そして、補助金の魅力に惑わされずに広葉樹林を残す道を選択したのである。

こうして旧十和村の約6割が広葉樹のままとなり、地域の貴重な資源となった。

地域資源を守り、活用することを提唱した岡峯さんは、人材育成にも熱心だった。若者たちと森林組合事務所で村づくりの話に没頭し、そのまま朝を迎えることも珍しくなかった。こうして小さな村に、岡峯門下生と言うべき人材が育っていった。「四万十ドラマ」の畦地社長がその代表的な存在だ。

循環経済で「地元の創り直し」

日本でもっとも早く人口減と高齢化の現象に見舞われたのが、島根県である。

平地が少なく、県域のほとんどを中山間地域が占める島根県は、人口わずか約70万人。東京の練馬区の人口よりも少なく、「過疎」という言葉は島根で生まれたと言われている。

そんな島根県は、地域活性化の取り組みにおいて最先端を走っている。

島根県は１９９８年に、中山間地域の問題を調査・研究し、打開策などを練る専門機関を創設した。「島根県中山間地域研究センター」（以下、研究センター）で、県内の中心部ではなく、山間部の飯石《いいし》郡飯南町に設置された。地域活性化に特化した全国で唯一の公的な研究機関である。

研究センターは、実効性ある地域活性化策を積極的に提言し、かつさまざまな実践活動に力を入れている。島根県のみならず中国地方の過疎地の地域づくりに協力し、成果を上げている。

そうした調査・研究と実践を基に、２０１３年5月に『地域づくり虎の巻』という本を出版した。地域活性化のいわば指南書である。この虎の巻を一読することをお勧めしたい。

研究センターが提言する地域活性化策は、従来のものとは大きく異なっている。外から何かを持って来るのでも外に打って出るのでもなく、「地元の創り直し」を行うべしと主張している。

では、「地元の創り直し」とはいったいいかなるものなのか。

提唱者である研究センターの藤山浩研究統括監は、「中山間地域の本質は、資源や居住の〝小規模・分散性〟にあります。〝規模の経済〟ではなく、〝循環の経済〟に転換すべきです」と語り、「地元の創り直し」の意味と中身を解説してくれた。こんな趣旨だった。

日本は戦後一貫して、「規模の経済」を追求してきた。「大規模」な施設を「集中的」に配置し、特定の分野、産物、機能への専門化を進め、海外を含めた遠隔化した流通経路でつなぐ経済システムだ。特定の臨海部に産業や人口を集中させ、経済成長を果たしてきた。その基盤となったのが、安価な化石燃料の大量消費である。

一方、中山間地域の本質は資源や居住の「小規模・分散性」にあり、「規模の経済」を追求する社会経済システムとは相容れないため、成長路線に乗り遅れた。それだけではなく、地域の基幹産業である農林業は海外からの１次産品の大量輸入により、衰退の一途を辿ることになった。

こうして中山間地域の循環・定住の構造が壊され、過疎化が急速に進んでいった。

疲弊地方の再生拠点「郷の駅」

中山間地域の過疎と表裏一体となっているのが、人口流入した都市部の過密である。住宅も「規模の経済」の論理で整備され、大規模団地がいっぺんにつくられた。

こうしたやり方は短期的には利益をもたらすが、長期的には高くつく。あらゆるものをいっぺんにつくってきたことのツケが回ってくるからだ。たとえば、大量に整備された住宅やインフラの老朽化問題である。

それだけではなく、より巨大なツケを抱え込んでいる。地球レベルの環境問題である。「規模の経済」を支える化石燃料の大量消費は、地球温暖化という難題を引き起こしており、「規模の経済」は複合的な重大危機に直面している。

では、疲弊した地方をどうやって再生するか。

研究センターは「規模の経済」から「循環の経済」に転換することを提言している。「規模の経済」で断ち切られた地元の「人・自然・伝統」とのつながりを取り戻し、地域ごとに小規模・分散的に存在する地域資源を活用するべきだという。

そのために分野を横断した複合的な仕組みをつくり、「ヒト・モノ・カネ・情報」などを近隣で循環させる社会経済システムを構築すべきだと主張する。

具体策として、地域内外を結ぶ広場（拠点）の整備を提言している。過疎地域は小規模集落が分散し、しかも生活拠点がバラバラに配置されているところが多い。数少ない住民が出会う機会が少なく、不便かつ非効率である。

こうした状況を打破するため、小学校区などの基礎的な生活圏ごとに、地域内外をつなぐさまざまな機能を集約して提供する広場（拠点）が必要だという。

研究センターはこうした広場（拠点）を「郷の駅」と呼び、地域の「ヒト・モノ・カネ・情報」などをつなぐ「ハブ」と位置付ける。

「郷の駅」は、域内外を結ぶ交通や物流のターミナル機能だけでなく、コミュニティや行政、商業、金融、医療、福祉、教育、文化・娯楽など、住民の暮らしを支える複合的な拠点となる。

空き校舎などを「郷の駅」に転用し、将来的には地場産業や地域エネルギー、防災などの拠点としても活用すべきと提言する。少数の住民がバラバラになって生活するのではなく、つながりを取り戻すための拠点とするのである。これが「地元の創り直し」だというのである。

カネ・ヒト・モノの連結決算

これまでの地域運営は、縦割りの補助金や行政制度を前提とするため、小さな事業がそれぞれの分野ごとにバラバラに展開されていた。担い手の少ない過疎地では無理が多く、無駄も生まれやすい。結局、成果が上がらず、頓挫《とんざ》してしまうケースがほとんどである。

研究センターはこうした「縦割り、年度割り、地域割り」の制度に振り回されるのではなく、地域全体で効率的かつ柔軟に事業を進められるように「連結決算」の仕組みをつくるべきだと訴えている。

カネだけではなく、ヒトやモノも「連結決算」とするのである。

たとえば、農業法人の職員が福祉バスの運転手を兼任し、そのバスで子どもや出荷する野菜、新聞なども同時に運ぶといった手法である。NPO法人が「郷の駅」の指定管理を受け、図書館運営から子育て支援、有償運送まで実施しているケースもある。

こうした異なる分野を横断する「合わせ技」や「一石二鳥」を積極的に進めるべきである。そうしたことの積み重ねが、暮らしやすさの再生につながり、地域の活性化に直結するからだ。

研究センターは、中山間地域が「地元の創り直し」を行って暮らしの舞台を整えた上で、次世代の定住を呼び込むことが急務だとしている。人々に中山間地域にバランスよく「郷還り」してもらい、自然と共生する循環型の地域社会を創っていくことが求められると主張する。

ここで「地元の創り直し」をすすめているあるジリキストを紹介しよう。

真の地方創生を示した若き実業家～【「地元創り直し」ジリキスト】徳島県美波町

「日本は地方出身者が支えてきたと思います。多様な人材の供給源である地方が衰退すれば、やがて都会も国全体も勢いを失ってしまうと思います。この国が元気であり続けるためにも、地方を元気にしなければなりません」

こう語るのは、都内でＩＴ企業を経営する吉田基晴さんだ。アカウミガメの産卵地として知られる徳島県美波《みなみ》町の出身で、１９７１年生まれ。

高校卒業後、生まれ育った美波町を離れた吉田さんは32歳で起業し、都内のＩＴ企業の設立メンバーの一人となった。情報漏洩防止システムの開発などを手掛ける「サイファー・テック株式会社」である。吉田さんは設立2年後に社長に就任した。

若き実業家の吉田さんにはいくつかの持論があった。

経営する会社の業務は最先端のシステム開発で、そのために不可欠なのが社員一人ひとりの創造力であること。そして、そうした創造力は社員一人ひとりがどのように働き、どのように暮らすかを自ら主体的に考えることで育まれると捉えていた。

仕事と私生活双方の充実が重要で、個々人の趣味を大事にするというのが持論の一つだ。会社として「半Ｘ半ＩＴ」（Ｘは個人の趣味）を提唱し、自身も千葉県内でコメづくりなどに打ち込んでいた。自然に囲まれた職場こそが、創造力を最大限に発揮するのに最適な環境であると捉えていたのである。

吉田さんは「美波で育ったことが自分の個性であり、強みになっていると実感している」と語る。

徳島県南東部に位置する美波町は、海と山、そして川に囲まれた自然豊かな地域で、町中に四国遍路二十三番札所の薬王寺があるおもてなし文化の地でもあった。

しかし、御多分にもれず過疎化が急速に進行し、1970年に約1万3000人を数えた人口は現在約7500人に減少。高齢化率は41%を上回る。町内にあった2つの高校が数年前に相次いで廃校となり、地域から若者の姿が消えてしまったのである。

「半X半IT」で業績拡大

高齢化が進み、活力を急速に失いつつある故郷に吉田さんは心を痛め、何かできないものかと考えるようになった。ちょうどそんな時だった。

東京のIT企業が徳島県内の小さな町にサテライトオフィスを構える事例が話題となった。先に紹介した神山町である。徳島県は全国トップクラスのITインフラ網（普及率約9割）を誇っており、企業誘致に力を入れていた。

吉田さんは2012年5月、故郷の徳島県美波町にサイファー・テックのサテライトオフィスを開設した。豊かな自然環境を活かして社員の創造力を刺激する拠点にしたいと考えたのだ。「半X半IT」を実践する常駐社員を美波町に送り込み、地域活動にも積極的に参加した。地元住民へのIT利活用講座を開くなど、地域に溶け込むうちに抱える課題も見えてくるようになった。

その年の夏から大学生を対象にしたインターン合宿を美波町で実施するようになった。航空券代と現地での滞在費は会社持ちとした。全国各地から応募が寄せられ、選抜された大学生や大学院生たちが1週間の合宿に臨んだ。「若者の力で地方の課題を解決せよ」をテーマにアプリケーションの開発に挑んだのである。このインターン体験者からもサイファー・テックの新しい社員が生まれている。

美波町にサテライトオフィスを開設する前のサイファー・テックは、採用難による人手不足が事業成長の足かせになっていた。それが「半X半IT」を唱える社風が評判を呼ぶようになり、人材採用と業績拡大につながっている。

社員数は2012年4月の7名が2014年4月には20名に増加した。勤務先は、東京が8名、徳島市内が9名、そして美波町が3名である。また、売上高は2011年の約1億円が2013年に倍増して約2億円、2015年は6億円を目標とするほど急成長している。

吉田さんは「地域を元気にしたいという思いをより強くした」と語る。

吉田さんは２０１３年6月に美波町に「株式会社あわえ」という新会社を設立した。ちなみに「あわえ」とは、美波町の方言で「路地」のことを言う。

地域活性化には継続性と持続性が不可欠で、一過性のボランティアでどうにかなる問題ではないと実感し、地域活性化の「ビジネスモデル」を創ることが重要だと考えたからだ。

新会社「あわえ」は、美波町の文化や地域コミュニティ、漁業や農業といった地域産業の保護や振興を図りながら、地域活性化を推進する事業会社である。サテライトオフィスの誘致や起業支援をはじめ、遊休資産の再生や活用、地域産品のブランディングの推進、さらにはＩＴを活用した新たなサービスの模索などである。

地元の観光ボランティアガイドに対し、タブレット端末やインターネットなどを活用したガイドサービスを提供したり、一人暮らしの老人を対象にしたタブレットを使った買い物代行などを実施したりしている。

「ソトとナカ」の交流

徳島県美波町にサテライトオフィスが初めて開設されたのは、２０１２年5月のこと。２０

14年12月末時点で、サテライトオフィスは6社に増えている。また、町内で新たに起業した会社も3社を数え、さらにもう1社の起業が予定されているという。

これらの会社の社員として町に定住している人は、計17名にのぼる。その多くが20代から30代である。若者の姿が消え、ひっそりとしていた美波の町が大きく変わったという。町のお年寄りたちは若者がいるだけで喜び、ちょっとした手助けにも感謝した。頼りになる存在だと目を細めたのである。

地元の人は「たった数名の移住で町が元気になった」と口々に言うようになった。

そんな反応は都会から移住した若者にとっても新鮮だったという。自分が力をほんの少し出すだけで、困っている人を助けることができる。東京ではなかなか感じられなかった自分の存在感や力、価値などを小さな美波の町では実感することができたのである。課題の大きさがほどよく、自分たちの力で改善できるように思えたのである。

2014年9月には明治時代につくられた銭湯を改築し、地域交流の場として再生した。街中にある旧銭湯は地元の高齢者と移住してきた若者が集う場となったのである。

こうして「ソトとナカが交流すれば、地域は元気になれる！」という手ごたえが広がっていった。

「ジリキノミクス」の3本の矢

疲弊した地域を活性化させるためのポイントは、島根県中山間地域研究センターの提言のように「規模の経済」から「循環の経済」への転換ではないか。「量の追求」から「質の追求」と言ってもよいだろう。そのためにまずなすべきことが「地元の創り直し」なのではないだろうか。

と言っても、いきなりそんなことを言われても見当もつかないというのが、正直なところだろう。

そこで、まずは地域活性化に取り組む際の心構えや基本的な考え方、姿勢といったものを提示したい。それは極めてシンプルなものだ。

「自助努力」である。

当たり前過ぎて拍子抜けした人もいるかもしれないが、これこそがもっとも重要で、かつ、もっとも欠落しているものではないか。政府や自治体、官僚や政治家などの力に依存し、期待し、すがる前に、まずは自分たちで考え、行動することだ。これまでさまざまな事例をあげて指摘してきたように、地域活性化の道は「ジリキノミクス」によってしか切り開けない。「タリキノミクス」から「ジリキノミクス」に一人ひとりの意識を大転換させなければならない。

では具体的に何をすべきなのだろうか。

まずは自分たちが納めている税金の使い方に注意を払い、ものを言うことだ。税金が地域課題の解決に向けて、適正かつ効果的に活用されるように発言し、行動するのである。自分たちが払っている税金の使い方を誰かに「お任せ」してはならない。税金の使い方や集め方を他人任せにしないことこそが、「ジリキノミクス」の大前提である。

では「ジリキノミクス」による地域活性化のポイントを説明したい。

厳しい状況にある地域ほど、活性化の特効薬を求めがちだ。誰か（中央官庁など）に伝授してもらいたい、方策をまねしたいなどと虫のいいことを考えてしまう。繰り返しになるが、こうした甘い考えを払拭することからスタートしなければならない。

どの地域にも当てはまるような万能な活性化策はないし、そもそも特効薬などはどこにも存在しない。また、取り組みの成果をすぐに求めるような愚行も卒業すべきだ。簡単に成果が出るはずもなく、また、難なく得られた成果は残念ながら持続しない。

さらに外部の力や知恵、カネに頼りきることもやめるべきだ。これもまた活性化が持続しないからである。どこからか多額の予算（税金）をもってくれば、地域が活性化するという短絡的な考えも払拭しないといけない。

では、どうすべきか。

住民自らが、面倒がらずにとにかく動きはじめることだ。もちろん、行政や議会も同様だ。県や国にばかり顔を向けるのではなく、まずは自分たちで考えて動くべきだ。

とは言え、やみくもに動き回っても成果は出ない。知恵を出し合い、自分たちで戦略を練り上げることが大切だ。

そのための第一歩は、自らの地域のことを知ることである。地域が持っているヒト、モノ、カネ、文化、自然、そして伝統など、すべてを客観的に見つめ直すことからはじめなければならない。地域の強みと弱みを徹底的に洗い出すことだ。

その際、過大評価や過小評価に陥らないように留意する必要がある。自分たちの足元を、冷静に、見つめ直すことが肝要だ。それには地域のお年寄りの力を借りるべきだ。先ほど地域活性化の特効薬は存在しないと明言したが、活性化のヒントはどの地域にも必ずあると考える。地域内に隠れていたり、見捨てられていたりして、活用されていないだけなのである。

次に、何をどうするかの戦略を立てることである。知恵を出し合って自ら創意工夫を重ねて、地域「オリジナル」の策を組み立てるのである。

もちろん物まねから入っても、自分たちで創意工夫を加えてオリジナルにできればそれも「可」だが、物まねを進化させることは意外と難しい。

独自策を編み出す「知恵者」や、地域の利害を調整する「世話役」、さらには課題を解決する実力を持った「リーダー」などが不可欠となる。

自分たちの地域にはそんな人材はいないとあきらめるのは早い。埋もれている人的資源はどの地域にも必ずあるはずだ。何人かが集まれば知恵も生まれてくるものだ。そしてみんなの人脈を使って外部の人を探し、力を借りるという手もあるだろう。

重要なのは、人的ネットワークを広げることだ。ジリキでやるということと、他者の力を借りるということは、決して相反するものではない。そもそも独りで生きていける人間など、この世にいない。依存と、協力（助け合い）は大きく異なる。

そして、地域活性化を進める上で大きなポイントとなるのが、世代間でのバトンタッチである。

傑出した人物の強力なリーダーシップによる地域再生は、危うさを抱えやすい。その人一代限りの成功に終わってしまう危険性があるからだ。持続させるためには、人材の育成に努めることこそが必要だ。

結局、国や自治体がこれまで取ってきた地域活性化策は、本質からはずれたものばかりだったと言わざるを得ない。地域活性化の主役は地域住民であり、行政や政治はそれをバックアップするのが本来の役割である。

力のある大きな何者かに依存せず、自らできることは自らやるという住民が存在して初めて、地域活性化の道は開くのである。楽したいと考えて誰かにお任せしている限り、地方創生は実現しない。

あとがき——「地域主権」と「住民自治」への道

2014年12月の総選挙で大勝した安倍政権は「地方創生」を重要課題に掲げ、さまざまな取り組みを打ち出している。衰退した地方を復活させようと懸命だが、効果は期待できない。掲げる施策に目新しさはなく、むしろ、これまでの失敗策の焼き直しにすぎないからだ。

そもそも「地方創生」の主役（担い手）は国（政府）ではなく、地方である。それも自治体（行政）ではなく、一人ひとりの住民だ。国や自治体にお任せで疲弊した地域が活性化できるはずはない。地域住民自らが主体となって動き出さなければ、国が予算をどんなにばらまいても、地方創生など不可能だ。

四半世紀に亘って地方取材を続け、数多くの失敗事例とほんの一握りの成功事例を見てきた取材者である私の持論である。

いや、もっとはっきり言ってしまおう。

国や自治体の力に依存し、期待し、すがること自体が大きな間違いである。

今の地方の衰退は、日本社会を長らく覆っている「中央集権・従米主義」と「お任せ民主主義」、そして「規模拡大経済路線」などが創り出したものだ。「東京一極集中」と「地方の疲弊」はそれらの産物と言える。

病根を残したまま治療行為を重ねても治癒にはつながらない。

2つの大きな流れを「地域主権」と「住民自治」に転換することこそが、地方創生の第一歩と考える。


そうは言っても、簡単に実現できるような課題ではない。一朝一夕で変えられるものでもない。ここはまず身近で小さなことから始めてみよう。

「お任せ民主主義」から離脱するのである。タリキストからジリキストに生まれ変わることで、これなら1人でもできる。

本書で紹介したジリキストたちのように住民として自ら考え、主体的に動くのである。まずは地域の課題を解決するために納めた税金の動きに注視すべきだ。そして、住民として納税者として意思をきちんと表明することだ。

たとえば、首長選挙や地方議会選挙に関心を持ち、自分の意思で自分の一票を投じることだ。本書が刊行されて間もなく、２０１５年４月には統一地方選が予定されている。まずはこの機会を生かすべきである。

自らが主体的に動き出すことによって、住む地域の課題がより鮮明となり、是正すべき点や解決策なども浮かび上がってくるだろう。

地域活性化に特効薬など存在しないと繰り返し言ってきた。より正確に表現すれば、「誰かが地域活性化の特効薬を処方してくれるはずだ」と、住民が口をあんぐり開けているような地域だからこそ衰退しているのである。

地域活性化は住民一人ひとりの自治意識の総量で決まるものだと考える。

本書で紹介したように、住民が悪条件に負けず、反骨精神と柔軟なものの考え方を持って主体的に活動することによって生き生きと輝く地域に創り上げたところがある。

タリキノミクスでダメになった日本をよみがえらせるのは、他でもない、住民主導によるジリキノミクスである。

豊かで多様な日本社会の確立を願い、そのほんの一助にでもなればと思って本書をまとめた。

日本のあらゆる地域が住民主導によって暮らしやすい光り輝く地域になることを願ってやまない。

なお、ランキングの作成については、編集家の山中登志子さんに御尽力いただいた。深く感謝申し上げます。

相川俊英

本書は、Ｗｅｂサイト「ダイヤモンド・オンライン」（ダイヤモンド社）に連載中の「相川俊英の地方自治〝腰砕け〟通信記」に連載中の記事を大幅に加筆・修正し、また、新たに書き下ろしの記事を加えてまとめたものです。

著者略歴

相川俊英（あいかわ・としひで）

地方自治ジャーナリスト。1956年群馬県生まれ。早稲田大学法学部卒業。放送記者、フリージャーナリストを経て、97年から「週刊ダイヤモンド」委嘱記者。99年からテレビ朝日・朝日放送の報道番組「サンデープロジェクト」番組ブレーンを務め、自治体関連の企画・取材・レポートを担当し60本以上の特集に携わった。現在も地方自治体の取材で日々全国を駆け回り、「日本一、直接首長に取材している記者」として知られている。

Webサイトでは、ダイヤモンド・オンラインにて「相川俊英の地方自治〝腰砕け〟通信記」、Japan In-depthにて「相川俊英の地方取材行脚録」を連載中。

主な著書に『長野オリンピック騒動記』（草思社）、『神戸・都市経営の崩壊』（ダイヤモンド社）のほか、最新刊に『トンデモ地方議員の問題』（ディスカヴァー携書）がある。

二〇一五年三月一八日　第一刷発行

国《くに》に頼《たよ》るからバカを見《み》る
反骨《はんこつ》の市町村《しちょうそん》

著者――相川俊英《あいかわとしひで》
装幀――南雲みどり

発行者――鈴木　哲　**発行所**――株式会社講談社
東京都文京区音羽二丁目一二―二一　郵便番号一一二―八〇〇一
電話　編集〇三―五三九五―三五二二　販売〇三―五三九五―三六二二　業務〇三―五三九五―三六一五
印刷所――慶昌堂印刷株式会社　**製本所**――株式会社国宝社
落丁本・乱丁本は購入書店名を明記のうえ、小社業務部あてにお送りください。送料小社負担にてお取り替えいたします。なお、この本の内容についてのお問い合わせは、生活文化第三出版部あてにお願いいたします。
ISBN978-4-06-219432-7
定価はカバーに表示してあります。